意志的力量

告別懶、慢、拖，強化意志力的75種刻意練習

艾莉亞・萊文森　著
Aliya Levinson
鄧捷文　譯

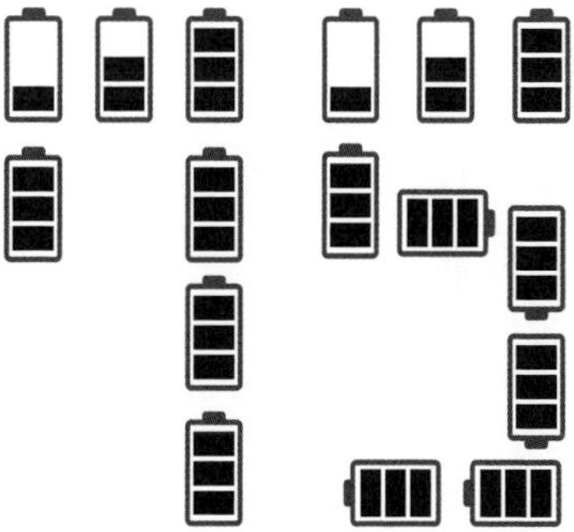

How to Win with Willpower

75 Strategies to Increase Self-Discipline, Motivation, and Success

目錄

推薦序 「失敗」並非失敗，「沒有行動」才是失敗 NeKo嗚喵 7

前言 11

PART 1 獲得意志力，沒有你想得那麼難！

第一章 意志力入門

棉花糖實驗沒告訴你的事 17

提升意志力，你也做得到 20

意志力是人類生存的積極決心 23

不論你認為自己行不行，你都是對的 24

第二章 打造意志力的習慣

一、積極向上：定型心態VS.成長心態 29

二、設定明確目標：欺騙大腦，想像自己已經成功 31

三、遠離誘惑：想要改變，就別對自己太寬容 33

四、擬定計畫：三種方法，幫你堅持到底 36

第三章 你專屬的意志力課程

利用ＳＭＡＲＴ目標法設定進度表 40

找到最適合自己的刻意練習 42

堅持到底！ 44

目錄

PART 2

強化意志力：生活中可行又有效的75個刻意練習

第四章　停止拖延，用行動力打造意志力

#1 選定方法，立刻行動 48
#2 去做就對了 51
#3 先行動再談成果 53
#4 建立新習慣 56
#5 二十秒內啟動新習慣 59
#6 了解自己「情緒」與「衝動」的關聯性 62
#7 排定例行公事 66
#8 每一天都可以是嶄新的開始 69
#9 治療拖延病 71
#10 全力以赴 74
#11 結合「想要」與「需要」的需求 77
#12 強化自制力 80
#13 為環境打造誘惑防線 84
#14 成功來自你聚焦的能力 88
#15 預先擬定犒賞計畫 91
#16 解密衝動 93

第五章　改變觀念，跳脫讓意志力匱乏的舊思維

#17 翻轉想法，改造阻礙 97
#18 改變想法，就能改變結果 100
#19 克服對改變的抗拒感，遠離舒適圈 104
#20 賦予困難不同的意義 108
#21 以全新觀點來看壓力 112
#22 借力使力，讓壓力成助力 114
#23 重新詮釋會誘惑你的壞習慣 118
#24 採取第三人稱的觀察角度 120
#25 與你的內在批判交朋友 123

目錄

#26 解決左右為難的認知失調 128
#27 修正你的認知偏誤 131
#28 破除認知扭曲之一：心理過濾、誇大與貶低 136
#29 破除認知扭曲之二：個人化、以偏概全 140
#30 破除認知扭曲之三：應該和必須、二分法思考 144
#31 放下身段，把失敗視為學習 147
#32 擁抱失敗 151
#33 停止負面預測 153
#34 戒除「害怕成功」的心態 156
#35 正面思考，讓自己更快樂也更成功 159
#36 提升自我洞察力 162

第六章　用對方法，就不怕沒動力

#37 慢慢來，事情才會進展更快 165
#38 用「如果……那就……」造句法強化決心 169
#39 斷開決策疲勞 172
#40 轉換工作內容，激發無限創意 175
#41 發現內在動力 177
#42 試驗外在動力 181
#43 找到你的心流，提升工作效率 183
#44 一日巔峰在於晨！ 189
#45 預留時段的時間高效管理術 192
#46 加入社群，找到前進的動力 195
#47 近朱者赤，結交益友 197
#48 在大腦中組織你的夢幻顧問團 201
#49 把疑問寫下來！ 205
#50 問對的問題 210

第七章　充實身心靈，讓自己成爲意志力發電機

#51 轉換心情，為意志力充電 214
#52 認識你的反應 218
#53 認清負面情緒的意義 221

#54 自在地接納負面情緒 223
#55 培養慈悲心 226
#56 擁抱正念 230
#57 擁抱感恩之情 233
#58 保持冷靜沉著 236
#59 讓渴望的力量，驅動你到達目的地 239
#60 滿足自我需求 243
#61 擁抱大自然 246
#62 多曬太陽 251
#63 在呼吸之間舒緩身心 253
#64 冥想啟動 255
#65 透過運動增強意志力 257
#66 來點瑜珈 260
#67 好好睡一覺 265
#68 攝取健康食物來補充能量 268
#69 閱讀名言佳句 271

第八章 向未來發掘，當下可勇往直前的可能性

#70 向未來的自己請益 274
#71 描繪可能性 277
#72 練習成為期待的自己 280
#73 預演成功的感覺 284
#74 給予自我肯定 287
#75 預見成功 290

致謝 293

目錄

推薦序

「失敗」並非失敗，「沒有行動」才是失敗

NeKo 嗚喵

談論到「意志力」的反義詞，第一個聯想到的詞彙大概就是放棄、失敗……但我認為不論是放棄或是失敗，至少都要「開始行動」，才會得到一個「結果」。

然而，很多人是連「行動」都沒有，就被大腦欺騙：「反正我一定會失敗的，為什麼要付諸行動呢？」

不管這個想法歸咎於大腦的偷懶或是人類的天性，害怕失敗似乎已經是

個完美的擋箭牌，擋在所有的行動之前，以至於現在拖延症才會這麼普遍，幾乎每個人或多或少都有這個症狀。

市面上像是《刻意練習》或《超速學習》這類的書籍，大多都是需要行動、毅力、不斷重複枯燥或難度相當高的行為，尤其需要長時間泡在挫折感很高的環境裡，才能真正獲得成果。

從書中 part2 開始的幾種刻意練習，包含找到＃1選定方法，立刻行動、＃25與內在批評交朋友、＃32擁抱失敗等等，在其他同類型的個人成長書籍裡也都常提到，而這些練習的共通點都是：「停止找藉口」。

拿我自己來說，我知道自己做事會拖延有一部分是害怕失敗，更多是害怕成功！因為成功與失敗其實是一體兩面的，站在高峰之後，到底哪裡是頂點？站上去之後，是不是又要準備摔下來？在面對愛情時，我也抱持相同的心態，害怕幸福之後會伴隨著傷心破碎。拖延症不僅只是影響工作、延遲進度，甚至更進一步地會直接反應在生活態度上。

為了克服拖延症，我花了一點時間才走出來，必須說意志力在這之中真的幫了我不少忙。戰勝一瞬間的恐懼，靠的是勇氣；但克服長時間的不安和痛苦，需要的絕對是意志力！我很喜歡書中引用瑪麗安．威廉森的一段話：「我們最深刻的恐懼並非是自己有所不足，而是自己變得無比強大。」漫畫《炎拳》中的主角，就算擁有超乎常人的再生能力，經歷了不滅之火的詛咒後，不斷燃燒了二十年，在一次次的燒毀和重生中，帶給他近乎失去理智的痛苦，但讓他堅定活下來的就是正視自己的強大，和一份想復仇的意志力。

雖然這份意志力不一定能帶來成功，但若不這麼做似乎就絕對無法璀璨而生。多少個夜晚我便是靠著微動力和意志力撐到白天，每個人有自己的成功法則，但是最初的原動力一定是一樣的！因為沒有行動就沒有開始。

期待大家也能跟我一樣在這本書裡找到共鳴和收穫。

前言

你已經辦到了！你買了一本關於意志力的書，或者你現在正在書店裡翻閱這本書。無論是什麼樣的形式，總之有某種「事物」吸引你去接近這本書，而你接受了這種「事物」的安排，其實它就在你的手中。

做得好！

你也許會想，「我根本什麼都還沒做啊。我只是拿起一本書而已，這真的值得讚美嗎？」

讓我告訴你，光是你想探索提升意志力的可能性，這件事就意義重大，這代表意志力這項主題在你心中激起波瀾，而你也想好好提升意志力，有興趣進一步學習。最重要的是，你內心深處中的某部分知道你有能力做出正面的改變。

想像自己能輕鬆又頻繁地利用意志力，也想像發揮意志力不再是需要刻意為之的事，它更像是種習慣。從長遠角度來看，這可能為你帶來什麼意義？如果你最終能建立更健康的生活方式、戒除特定陋習並養成更好的習慣，那生活又會變成什麼模樣？

也許你的目標是發展職業生涯，或者你想改變一些事物的優先順序，也或許你是想改變自己的人生。

如果你到目前為止都認為「意志力」是個遙不可及的超能力，那麼你跟過去的我還蠻類似的。以往每當我想到「意志力」這個字眼時，就會聯想到像麥可．喬丹一樣勇往直前的人，或是似乎與生俱來就具有這種能力，進而不斷嶄露頭角，並且成功面對所有挑戰的朋友與同事。因此，相較於必須努力爭取才能獲得的事物而言，我曾對於能夠不勞而獲的事情感覺自在得多。

然而，當我接觸到「人生教練」這個職業後，便愛上了這份工作，進而發現我想幫助其他像我一樣的人增強意志力，並指導他們有關意志力的思維、好處與可運用在生活中的方法，這是我願意全力以赴的事物。

在身為教練的職涯中，我已經引導許多客戶展現他們原先質疑能否實現的成果，包含從打造自己的教練實務，到實現個人與職業生涯之間的自由、連結與成就。因此他們開始了解，原來過程中的懷疑與沮喪，是再正常不過的感受，根本與自己實現目標的能力無關。

現在，我很高興透過本書與你分享這七十五個強化意志力的刻意練習。無論你面對的是哪一種意志力的挑戰，是要遠離誘惑還是要擺脫負面的自我對話，書中都有許多經過研究驗證所擬定的練習方法，能為你提供支持與引導。假如你已經準備好要克服阻礙，並實現個人或職業生涯的目標，那你真是找對書了，而我就是你的夥伴、啦啦隊長與教練，讓我們一起踏上旅程吧！

沒錯，你絕對辦得到！

PART 1

獲得意志力，沒有你想得那麼難！

第一章 意志力入門

當我們想到「意志力」一詞，心中就會浮現許多不同意義。在我花了點時間腦力激盪有關意志力的定義後，認為意志力是「持續面對某項挑戰的能力」；當我問我先生會如何描述時，他說意志力是「能抗拒誘惑並堅持目標的能力」。這讓我明白，你的定義可能會跟我的相似又或是截然不同。

所以，意志力到底是什麼？更重要的是，我們真的能獲得意志力嗎？

我過去總是把意志力視為某種世代傳承的傳家寶，有幸成為這個家族一分子的人，才能幸運地繼承這項難以捉摸的特質。但意志力真的是種特質嗎？還是能夠透過刻意練習與努力，並且加以強化的事物呢？我們可以透過意志力來展現意志力嗎？

在本章中，我們將會得知這些問題的答案，以及意志力為什麼對所有人都如此重要的驚人原因。

棉花糖實驗沒告訴你的事

根據《韋氏字典》（*Merriam-Webster Dictionary*）的定義，意志力是──「積極的決心」。

我不知道你對這樣的說法有什麼感覺，但對我而言，這個定義讓我覺得壓力沒那麼大了。因為我原本以為過度勞累、筋疲力盡使用意志力是成功實現目標的必然過程，但顯然意志力與精力充沛、正面，和興奮密切相關。發揮意志力的重點在於展現堅定的毅力，這與過度勞累恰恰相反。

接著，讓我們來談談關於意志力的研究。因為如果要完全掌握意志力的概念，需要先認識一些關鍵人物，他們的研究促成了我們如何理解意志力的運作模式。

早在一九六〇年代，研究人格理論的心理學家先驅沃爾特・米歇爾（Walter Mischel）曾經與同僚進行了「棉花糖實驗」。這項研究是探討延遲享樂與即時享樂對一個人未來的影響。實驗中，學齡前孩童可以選擇立刻把棉花糖吃掉，或者先忍耐十分鐘，但之後就可以吃更多棉花糖。幾年後的追蹤研究發現，當時選擇忍耐以獲得更多棉花糖的人，考試成績會較優異、社交與認知，以及競爭力表現得更優秀，並且在往後人生中也會獲得正面的成果；相較於選擇延遲享樂、能持續發揮自我約束力的孩子，一開始就選擇吃掉棉花糖的孩童，在成年後可能會出現難以自制的問題。

所以，假如你給老鼠一塊餅乾，而牠卻不願意為了更好的零食而忍耐，牠就注定一輩子都要與意志力抗爭嗎？

羅伊・鮑麥斯特（Roy Baumeister）博士表示並非如此。在他於一九九○年代中期進行的著名研究中，他與幾位同僚讓一群大學生待在一個房間內，裡頭放著兩盤食物，一盤是蘿蔔，另一盤則是剛烤好的餅乾。他們要其中一半的學生享用餅乾，而另一半的學生則必須抵抗餅乾的誘惑，並且只能吃蘿蔔。

在吃完之後，兩組學生都需要解決一道謎題，但他們事先並不知道這個謎題其實沒有解答。與大啖餅乾的學生相比，被要求抵抗餅乾誘惑（＝發揮意志力）的學生比較快放棄解題。

研究結果讓鮑麥斯特得出了一度被大眾廣泛接納的「自我耗損」（ego

depletion）理論，也就是考驗意志力的活動會耗損我們的精神資源。

因此，我們是否應該重新安排每天的工作進度，以免耗損完成重要任務所需的精力？此外，即便我們的意志力不如孩提時期那麼強大，但是否有方法能增強自己成年後的意志力呢？

提升意志力，你也做得到

首先，我們必須了解該如何擁有最佳的意志力。

研究顯示，若要發揮意志力，我們體內必須擁有足夠的葡萄糖，也就是血液中能提供能量的糖分。換言之，有足夠的能量才有足夠的意志力。假如血糖濃度不足，我們可能就會缺乏充足的意志力，無法簡單管理自我情緒、集中注意力、掌握社交行為並抗拒渴望。

所以根據這些葡萄糖的研究，以及從鮑麥斯特學到的知識，無論我們是誰，意志力的存量似乎有限，或是受到限制。

然而，《心態致勝》（*Mindset*）的作者暨動機領域的研究先驅，卡蘿・德威克（Carol Dweck）博士卻主張，有些人認為意志力是需要補充的有限資源；有些人則持相反意見，認為意志力是相當充沛的無限資源，而且取之不盡，這其實都是出自於他們本身的行為模式。如果是後者，這代表我們只要相信自己辦得到，似乎就真能成功。

就如德威克的研究所示，關於意志力難以捉摸的特性，「相信意志力能源源不絕」（而且就只是秉持這樣的信念）是其中一個重要因素。

我的客戶瑪姬，經過一番努力，終於在事業上獨占鰲頭。在我們共事的六個月內，她的收入增加超過一倍，也經過談判協商獲得更高的薪資，目前正定期進行高風險交易。當她開始相信自己在工作中能具有更大影響力與擁有更高收入時，的確也得償所願了。

那麼，除了「信念」之外，增加意志力還需要哪些其他元素？

對瑪姬而言，她需要學習分辨並優先考慮對自己最重要的事物，而不是忙著滿足其他人的需求。因此，當瑪姬不再硬著頭皮出席那些因為人情世故而必須露臉的應酬時，她發現自己在工作上能更努力，也更全心投入。

而這個結果也應證研究心理學家馬克．穆拉文（Mark Muraven）認為的：與其勉強自己去取悅他人相比，發自內心的自制或自我督促行為會花費較少的精力，也比較容易做到。

假如瑪姬能夠增強她的意志力，我們也做得到！現在就讓我們來探討大腦展開這類決策過程的運作方式，藉此了解該如何強化意志力。

意志力是人類生存的積極決心

當你在電影院看電影時，雖然很想買巧克力葡萄乾解饞，但還是轉念拿起隨身帶的蘋果。很棒的選擇！你沒有按下Netflix影集的「下一集」，而是從舒適無比的沙發上爬起來去健身。做得好！這些抉擇主要是在你的前額葉皮質（＝大腦負責決策的部位）運作，然後透過內心告訴你要「抗拒誘惑」、「未雨綢繆」和「即使面對挑戰，但仍要做出不同的選擇」，大腦實際上是用來幫助我們成功的。

大腦除了能讓人成功之外，更能使我們得以生存。健康心理學家凱莉・麥高尼格（Kelly McGonigal）在《輕鬆駕馭意志力》（*The Willpower Instinct*）一書中解釋，在數十萬年前的早期智人就需要解決許多難題，像是：我該躲在哪裡才比較安全？我該如何尋找伴侶？去哪裡才能找到的食物，而且不會被其他猛獸吃掉！

當然，我們的責任不只在滿足生活的基本需求。即使我們成功填飽肚子、找到契合的伴侶、建立夢想中的洞穴，並擊退追殺我們的獅子之外，仍然有個相當急迫的任務，而且我們在十萬年前就明白了這一點：我們必須和其他人交朋友。

成為團體或社群的一分子，能幫助我們滿足自身的需求。就如同在任何正常運作的社會團體裡，我們為了維持自身的地位，就必須遵守團體的規則，像是確保我們能有所貢獻、能與他人合作及共處，並且不偷取食物，甚至與其中的成員結為連理。

不論你認為自己行不行，你都是對的

我的客戶鮑伯，因為想轉換工作跑道，所以前來接受諮詢。雖然他目前從事的工作是他的專長，但卻感到疲倦不堪。他覺得自己不受主管重視、薪水過低，而且超級累。除了對工作有許多不滿以外，他還在一年前結束了一段長時間的感情。他想在工作與個人生活上都有所轉變，但卻不知究竟該怎麼做才好。

鮑伯剛開始來諮詢時，顯然還沒打算投遞履歷。除了不知道該轉換哪個跑道之外，在一整天的工作後，要身心俱疲地尋找與申請工作，著實是件沉重的苦差事。

美國心理學會將意志力定義為「抵抗短期誘惑以實現長期目標的能力」。鮑伯認為要向成功邁進就是意味著，他的休閒時間只得用來寫求職信，放棄打電玩遊戲，並且不能再熬夜看電影。

但是當我們檢視鮑伯的處境與想法時，發現了他真正需要改變的習慣。他打從心底認為自己無法朝目標前進，是因為他陷入某種慣性思維模式，而這讓他不再是掌控自己人生的司機，反而像是個搭便車的乘客。

在接受諮詢後，鮑伯明白他並不需要認識一大堆新朋友來拓展社交圈，甚至也不用換工作，同樣也能讓心情變好。他只需要挑戰心中「否定自己辦得到」的負面想法就行了。

美國實業家亨利・福特（Henry Ford）有句名言：「無論你覺得自己行不行，你都是對的。」也就是說，如果從一開始你就想著自己一定做不到，那你就會失敗；想著自己一定會成功的人，就能達成心願。不管你認為你做不做得到，結局都是如你所想的。所以，無論你最初是怎麼想的，你都是正確的。

我告訴鮑伯，只要當他開始注意到自己下意識浮現「我辦不到」的想法時，就要先放下這種先入為主的觀念，想想自己如何才能正面回應這種自我否定的想法，而不是立刻打退堂鼓。如此簡單又積極的轉變，就能為鮑伯帶來前進的巨大動力。之後，他開始積極參與好友的邀約，也勇敢拒絕過去曾勉為其難參與的活動，更擬定每天的計畫並充分落實。他也達成重新撰寫履歷與獲得面試機會的目標，甚至比原先計畫提早了好幾個月完成。

在這些努力之下，鮑伯經歷了許多意想不到的轉變，包括自己變得更有自信、也更堅強，最後更戒除以往很難改正的習慣。

讓鮑伯達成這一切的就是意志力，也是積極的決心。剛開始進行諮商時，他曾告訴我希望自己能有所改變，但他不認為自己可以很快達成目標。然而，每當我們會面結束，他都會感到沉重的壓力有稍微減輕一些。到了現在，他更是興奮地告訴我：「我的壓力似乎已經完全消失！」

第二章

打造意志力的習慣

到目前為止，你已經了解棉花糖實驗的迷思、葡萄糖對意志力的影響、相信自己擁有源源不絕意志力的重要性，以及鮑伯為人生帶來正面改變的方法。恭喜你正式通過意志力的第一堂課！#灑花

也許你想知道該如何進入下一個階段，又或者你像許多人一樣，心裡有個更進一步的問題：「意志力真的有用嗎？」

別擔心！如果你對這點感到好奇，或是曾經對自己究竟是否能成功有過

一絲質疑，那代表你已經進度超前了。會自我懷疑，正是打造意志力習慣的關鍵。因為當我們產生疑惑時，就能事先擬定相應的計畫，並且學習克服困難和阻礙。

現在就來探討實際做法吧！

一、積極向上：定型心態VS.成長心態

在第一章中提到的卡蘿・德威克除了提出意志力額度的觀念外，她也解釋人們做事的心態，可分為定型心態（fixed mindset）和成長心態（growth mindset）兩種。

當你以定型心態處事時，會認為自己的人格特性、天分與技能都是無法改變的。若處於這種心態中，你的想法會是：「如果我不擅長這件事，嘗試

根本就沒有意義，因為我不可能會成功。」

但相反地，成長心態會鼓勵我們改變。擁有這些心態的人面對挑戰時相當積極，因為他們深知這正是成長、擴展、學習、掌握新技能，並且讓自己變得更有能耐的契機。

現在或許你會想：「我好像就是定型心態，無法改變了。」不過我要告訴你，只要你願意，必定能正面且長久地改變自己。

事實上，光是「了解」上述這兩種心態的差異，就能幫助我們抱持讓自我成長的方法來思考與處事。現在的你已經了解這點，就試著讓自己轉變為成長心態吧！

然而，在轉變的過程中，我們有時可能因為始終無法達成目標而覺得灰心，也可能會為了不斷嘗試而感到疲累，但別讓這些挫敗影響自己可發揮的能力，因為這些都是你在改變時必然會經過的正常過程。

另外，當我們抱持成長心態時，若是遇到阻礙或難題時，也能知道不應該為此停下腳步。我們不但不會因此氣餒，反而變得既好奇又敏感，在挫折中找尋良機，並且感謝面前的挑戰，而這正是幫助我們成長的方法。

二、設定明確目標：欺騙大腦，想像自己已經成功

現在來談談你的目標吧！我認為你並非偶然拿起這本書。也許你是看見「意志力」一詞，認為它應該派得上用場；也許你渴望建立更強大的內在動力或是打破某些陳舊的習慣。無論你之前是否曾嘗試設定目標，就從今天開始，依照本書的步驟，一步步達到你所嚮往的目標。

首先第一個問題是，你的目標是什麼？這本書為何會吸引你？是什麼原因讓你渴望增加意志力？這些絕對沒有標準答案。

請花點時間腦力激盪，接著把你的理由寫下來。

做得好！現在我們已經了解為何增強你的意志力這麼重要，接著請想像你已經按照本書所列出的方法，並且成功到達終點、實現了你的目標。告訴我，你預計達成哪些目標或夢想？不再咬指甲嗎？開始多吃蔬菜水果嗎？花更多時間陪小孩嗎？超越你的銷售目標嗎？多花點時間思考，釐清你最渴望的結果。你為自己立下什麼遠大目標？

現在想像你完成目標後的感覺，好像你已經達成一樣，並把終於實現的願望或戒除的壞習慣寫下來，例如：「我不再咬指甲了！」或者「我已經戒菸了！」

大腦會相信你注入的資訊，而且無法確切區別你所灌輸的訊息到底是真是假。因此，當你想像自己已經達成目標，你的大腦也會以這樣的狀態運作。還真是從「頭」開始，對吧？

此外，當你在閱讀本書時，只要一感到困惑，就隨時回想這種狀態，重新讓自己沉浸於達成目標的感受，就像你已經成功了一樣！

三、遠離誘惑：想要改變，就別對自己太寬容

重點來了。在達成目標的過程中，我們經常會遇到分散注意力的事物，當中有許多是屬於有意識的分心。外在環境的干擾、內心的雜念等會使我們的念頭轉移到不必要的事物上，那些事情跟我們當下在處理的工作相比，是相對輕鬆，也是我們熟悉與擅長的事物。

舉個例子：我在撰寫本書時，會碰巧想起許多我必須馬上去做的事。我會在打開筆記型電腦準備寫稿時，突然想到碗盤還擱在水槽裡，要趕快去

洗；或者先看一下社群媒體，結果發現小學時期的摯友難得上線，現在一定要趕緊聯絡感情。我完全把最重要的「寫稿」這件事放到一邊，反倒先去處理那些非常無關緊要的事。

這些藉口和干擾總是來得理所當然，你也會找到看似正當又合乎邏輯的理由，說服自己應該要在星期五下班後徹底放鬆，享受難得的快樂時光，而不是浪費時間苦命地在家打掃。

我們的內心就像一條多線道高速公路，神經衝動會反覆來往於同一條神經通道，進而不斷強化它，當要求大腦必須改走新的路線時，理所當然會遭遇抵抗。因此，當藉口浮現，誘使我們走回習慣行走的原路時，可以先暫停腳步，並且覺察這個現象。

然而，在看清楚內心不願改變的想法後，接著要告訴自己說：「為了成功，我必須有所突破。或許選擇已嘗試過的方法比較輕鬆，但我還是想積極改變，不想重複走同樣的路。」一旦認清這些干擾的本質後，就不要遲疑，繼續前進。

那麼，有哪些阻礙會出乎意料地出現在你面前？有哪些念頭會試圖讓你偏離正軌，並說服你選擇待在家看 Netflix，也不願起身出門跑步？其他常見的理由包括：

—反正其他人也都這樣。

—我遲早都要睡覺。

—只吃一小口又不會怎樣。

—我的狗需要遛久一點。

這些說法看似都很有道理，甚至也可能是事實。

例如：你或許真的需要遛狗，不過這已經是你今天第三次遛狗，別忘了你還有個企畫需要完成，自問是否真的需要多遛這一次，或根本就只是想偷懶而已。

當這些干擾或藉口出現時，我們應該多加留意，並將它們歸類為令人分心的事物，而不是生活中應該嘗試改變的新方向。

現在，就把最容易讓你分心的五件事寫下來。

四、擬定計畫：三種方法，幫你堅持到底

現在我們知道，想發揮意志力時，經常會碰到的阻礙與誘惑，那我們該如何避開？

答案是：根本無法避開。所以我們得擬定計畫，正面迎擊！

了解容易讓我們不自覺分心的事物，便可以超前部署有力的應對方法。

為了不讓鄰居總是在最後一刻才請我們幫忙照顧小孩，或是讓那盤誘人的餅

乾打亂我們的節食計畫，當我們可以事先預期到這些狀況，就可以在這些意料之外的阻礙突然出現前，先擬定因應之道。

所以當最容易使你分心的事情出現，像是勉強自己答應別人有些無理的要求，或是你發現自己正在為「我就只賴床這麼一次」找充分的理由來原諒自己時，該如何提醒自己別當爛好人或是拒絕誘惑？花點時間來思考你該怎麼應付默默上門的阻礙吧。

在這裡，提供三個方法幫助你堅持到底：

1. 事先計畫：達成目標前，我們需要先擬定好計畫。例如：你的目標是戒菸，而你星期六要參加棒球比賽，先想想在第五局中場休息時，你可以做哪些事，而非像過去一樣到球場外頭抽根菸。

2. 提前擬定對策：想像如果大家邀你「一起」抽根菸時該怎麼做。你可以先想想自己可能會產生哪些感受，是菸癮發作而使自己坐立不安，還是對其他仍在吞雲吐霧的菸友感到忌妒，對此先準備好預防措施。例如：當珍妮邀我抽菸時，我要說：「不用了，謝謝。」然後嚼片口香糖，專注在有些嗆鼻的肉桂甜味上，同時幫我的球隊加油。

藉由事先想好對策，為自己製造除了和大家一起哈菸之外的其他選擇。

3. 擺脫非黑即白的思維：假如你很不巧地失敗了，也不需要氣餒或覺得自己根本永遠做不到。失誤反而是個絕佳的機會，讓我們能從中學得經驗，了解下次該如何改善，並且調整方向。

接著該你了！現在就寫下屬於你的計畫。為了增加可行性，所以計畫內容應該會是你做得到，並且相當可靠的。你行的！

第三章

你專屬的意志力課程

這本書會是你踏上增強意志力之旅的夥伴。你可以了解許多打造意志力習慣的不同練習，不過這些並非對所有人都一體適用。你必須採行適合自己的方法。一旦你找到合適的方法，就會證明它們強大的威力。

除此之外，雖然單靠其中一項練習就能帶來強大成效，但假使你能結合運用多種練習，就更能獲取更完整的意志力組合，並且不斷提供你健康與成功所需的能量。

利用SMART目標法設定進度表

你已經設定好自己的目標，現在該來擬定踏實、可行的進度表了，好讓你能依照計畫行事。別擔心，依循進度表行事並不代表你必須變成照表操課的機器人，才能完成願望，事實上恰恰相反。進度表是能從旁幫助你在預定時間內，如期成功實現目標。

過去我曾因為嚴守進度表而感到束縛，但後來我意識到，安排時程並規畫行程中的地點、時間與進行方式，其實能減少猶豫不決與過度自我懷疑的狀況。與其質疑是否真的做得到，不如說去感覺擬定計畫後所帶來的篤定與踏實，而不用多加擔憂。所以，訂立進度表的優點是，不會老是陷入該如何完成事情的空想之中，因為這只會讓你原地打轉，無法邁開腳步。

那我們該如何決定最適合自己的進度表？又該如何設定目標才是既實際又能激勵人心的呢？我建議可以透過ＳＭＡＲＴ目標法，設下滿足特定條件的目標。

S：確切的（Specific）—我想達成什麼目標？

↓我想為假期存下兩千六百美元。

M：可衡量的（Measurable）—我該怎麼做才能達成目標？

↓每周存一百美元，持續二十六周，並把這些錢存到獨立帳戶中。

A：可達成的（Attainable）—這個目標雖然困難，但是仍可能實現？

↓即便每周存下一百美元，還是能支付基本的生活開銷。

R：實際的（Realistic）—我能確實達成目標嗎？

↓可以，假設帶午餐上班，每周就能省下五十美元，然後不要去逛大賣場也能省下另外的五十美元。

T：時間明確的（Time Bound）—我希望何時能達成目標？

↓我想在二十六周之內實現目標。

如今你已經明白該如何「聰明」（SMART）地思考，現在換你上場了。寫下你的SMART目標計畫。你可以寫下為期六個月、一個月、一周，或是任何適合自己步調的SMART計畫。

找到最適合自己的刻意練習

最後，就在日常生活中實踐這套計畫吧！

請翻閱本書的目錄，看看哪些刻意練習最吸引你？哪些讓你覺得好奇而且可行？又有哪些看起來根本就是辦不到？

答案沒有對錯，只有適不適合你，因為本書無法對所有人提供一體適用的計畫。應該說，本書比較像是「選擇你的冒險」故事書！你從閱讀的過程中，大概能明白哪些練習最簡單、哪些練習能激起你的動力，想立即行動。

找到最適合你的練習了嗎？如果你願意，可以連續實踐這些練習五天或七十五天。假設你想用一星期來嘗試看看，你可以實行＃43連續三天，接著在剩下的四天就改行＃21。何時該採用哪種練習，並沒有正確答案，只要能讓你保持向前邁進的腳步，並付諸實行即可。

你可以製作專屬的進度表來追蹤，如果數量超過表格範圍，也可以改用更大張的海報紙、輸入至 Excel 試算表中、寫進手帳裡等，只要放在你能看見的地方就行。

天數	方法	頁碼

堅持到底！

恭喜，你成功了！你已經讀完第三章，接下來該聊聊這七十五條強大又超酷的刻意練習了。

現在先對著鏡子裡的自己眨眨眼或是讚美兩句吧。如果你覺得尷尬、愚蠢或認為沒什麼好開心的，那就把它視為你的第一項挑戰。不對看似渺小的進展抱以喝彩，正是大多數人無法繼續邁進的原因。

我們藉由認知細微的進步，就可以幫助自己保持正面與自信的心態——這也是我們想要擁有的兩種情感。只要能達到這一點，你便已經向前跨出了一大步，並且展開許多人夢寐以求的事。單純渴望美好的事物很簡單，而你現在已然準備好要讓夢想成真。

在開始之前，先記住三個重要概念：專注動力、始終如一，以及持續付出努力每天挑戰自己。你所期待的絕佳機會就擺在眼前，多令人興奮——你正朝著自己設下的目標邁進！而且別忘了，雖然我們專注向前推進的腳步，但是就算你錯過了一兩天也用不著煩惱。只要找回原本的腳步，並且記得我會一直在這裡等你。

PART 2

強化意志力：生活中可行又有效的75個刻意練習

第四章

停止拖延，用行動力打造意志力

#1 選定方法，立刻行動

爲什麼有效

看完目錄後，如果你發現某條練習引起你的共鳴，讓你願意嘗試，甚至付諸實行並且持續遵循，你就已經處於領先階段！因為有些人看完本書後，對內容只停留在紙上談兵的階段，而不願起身力行。若是你可以立即行動，毫不拖延，那麼你的目標就近在咫尺。

我知道把目標默默放在心裡，這樣做很簡單也比較輕鬆。但若我們不採取行動，一切都只是空想，就無法享受通往目標的過程，並且完成目標，獲得成果。

只有藉由找到方法來刻意練習，並且了解面對挫折時該如何採取行動，才能增加成功的機會。

實行步驟

1. 剛開始練習時，先挑選一到兩種你覺得有興趣的練習。

選擇你認為可行或合理的練習。

2. 將方法寫下來，並記下該方法是在本書的那些頁數，以方便查詢。

認真閱讀，並思考一下這些練習。

3. 付諸實行。

在實踐的過程中，如果你想要有不一樣的變化，隨時都可以嘗試改用其他的練習。

#2 去做就對了

爲什麼有效

按下遙控器，電視就會打開；把硬幣投進自動販賣機，就能吃到太妃糖；點選臉書，你就能與朋友、家人和熟人搭上線。

動一下食指，就能觀看你最喜歡的人物上節目、滿足你的甜食味蕾，以及跟你認識的人聊天。這是種即時的滿足，可刺激活化大腦的獎賞機制。然而對意志力習慣而言，我們不一定會在執行的當下就馬上達成目標，那麼對於總是享受立即滿足的大腦該怎麼辦？

答案是：重新定義「成功」，好讓我們隨著進行的過程逐漸感覺到滿足。不要認為「成功」就代表著「達成目標」，而是把「努力實踐」與「目標」畫上等號。如此一來，無論結果如何，都能讓自己充滿動力，並且持續不斷行動。

實行步驟

1.馬上行動，不論結果。

別只在乎你想要的結果，而要專注於你想採取的行動。假設你從事行銷工作，並且想要所打的十通電話都能達到成交，但你的前五通電話都失敗了，如果你只在乎結果，當然會想就此放棄。

這時，不如把你的目標單純設定為不管結果如何，都要撥出十通推銷電話看看。

2.把過程視為大好良機。

無論接下來的五通電話會不會成功，只要撥出電話，就算是在鍛鍊你的行銷技巧，也等同於是在創造五次可能成交的機會。

#3 先行動再談成果

爲什麼有效

我合作過的許多客戶，往往都抱持著「愈努力，才會愈成功」的信念，這種想法相當普遍。然而，「不去做，就永遠不會成功！」的想法，往往會使人在行動時更退縮。

因為在這種想法之下，我們除了「起而行」之外，還抱持著必須「做好做滿」的觀念。壓力還真大，對吧？也因為如此，完美主義與拖延的關係非常密切，兩者互相牽制，結果卻一事無成。而且，完美主義者會因為太看重結果而害怕失敗，因此陷入不斷逃避的惡性循環，到了最後一刻才不得不急就章匆促完成。

無論要前往何處，我們都必須先出發才行。與其執意追求完美的成果，不如持續邁出雖不完美，卻仍不斷前進的腳步，一步步縮短與目標之間的距離。就如同馬丁·路德·金恩曾說的：「有信心地踏出第一步，你不需要看到整個樓梯，只要踏出第一步就好。」

實行步驟

1. 選擇行動。

想太多還不如去行動一次。倘若你要找新的工作，首先要研究預計應徵的公司營運狀況、更新你的履歷表和人脈資料等，無須一定要等到獲得工作才算是成功。當然，若真的能被錄取那就太棒了！

2. 採取行動。

與其乾等機會，不如冒險出發。若把「有行動而非裹足不前」、「有進步而非達到完美」等視為就是成功的話，便能增加「成功」的可能性與機會，而且這將比「成功＝被錄取」更能增強我們的意志力。

在充分鍛鍊自身技能與韌性的情況下，錄取通知更可能會出現在我們的收件匣中！

#4 建立新習慣

爲什麼有效

查爾斯・杜希格（Charles Duhigg）在《為什麼我們這樣生活，那樣工作》一書中寫道：「任何能夠轉化成例行公事的行為，都是比較不需刻意花時間與精力來考慮的事。」

思考一下，哪些是現在你覺得要刻意花費時間、精力才能達成，或者是很難實現的目標，比方說：記錄你每天的花費支出或維持家中清潔。但這些其實都一定可以變成習慣，就像走路或綁鞋帶一樣平常又簡單。

其中的關鍵就在於要不斷努力嘗試具有挑戰性的行為或習慣，並要捨棄所有對於成功的質疑，只專注於持續不斷的努力。記得你要拿起的是書本而不是遙控器；記得當鬧鐘響起要按停止鍵而不是貪睡按鈕。在積極提醒自己做這些事情的兩個月後，你就不用再「刻意去做」了。

只要不斷嘗試，你一定會成為愛書人或晨型人。方法就這麼簡單。

實行步驟

1.一開始先慢慢來，千里始於足下。

先別有壓力，好嗎？只要有行動就是成功的第一步。你會這麼做是因為你想要做，這不代表你得完美達標。

2.盡力嘗試。

你不必一定得成功，只要盡力嘗試就好。當你沒在看書而是在看電視時，不要一直責備自己，下次再試一次就好；當你今天又按下貪睡按鈕而賴床時，明天再試一次看看。

3.形成規律就會建立慣性，最終成為習慣。

如果你大約都在相同時間與環境下做這些事情，最終不需要多想或刻意去做，就會自然發生。

#5 二十秒內啟動新習慣

爲什麼有效

當行為變成習慣時，我們就不再需要思考該如何執行。想想看，開了四十年的車之後，我們在打開車門前根本不需要猶豫，手握方向盤時也不會緊張得滿頭大汗，更不用一直提醒自己：「先轉鑰匙發動車子，聽到引擎聲後，踩下左邊踏板、手握排檔桿、檢查後照鏡……」，而是一坐上駕駛座，就能直接上路！

如果我們想養成的好習慣都能變成「直接上路」，那該多好！這樣不用掙扎到底要不要去健身房，便可以直接出門；也不用糾結上班時該不該吃甜甜圈，而能完全無視它的誘惑。那麼該怎麼做呢？只要對我們不想要的壞習慣踩下剎車，把我們想要的好習慣打進自動駕駛檔就好了。

要能達到這樣的境界，祕訣就在於：提供自己「活化能」（activation energy）。根據作家、演講者與正向心理學提倡者的尚恩．艾科爾（Shawn Achor）表示，這是引起催化反應所需要的火花。也就是說，透過這樣的火花來激發正面的習慣，同時也可以戰勝惰性。

因此，他提出了「二十秒法則」，意思是如果某種習慣能在二十秒鐘內啟動，行動的可能性必能大為提升。

想要在早上運動嗎？那就把運動鞋與襪子放在床邊，這樣早上起床後，你只要把它們穿上，就直接進入外出運動模式，或是你也可以像艾科爾一樣，乾脆就穿著運動服睡覺也行。這些祕訣他都親自試過，也認為這確實增加他在早上出門去運動健身的機率。

此外，若是特意讓某些動作的啟動時間超過二十秒，例如：把遙控器的電池拿出來，放到離電視機有段距離的櫃子上，當你想看電視時，必須得先去拿電池並裝上，經過一番折騰後才能打開電視來看。如此一來，就可以大幅減少看電視的次數。

好的習慣要讓自己在少於二十秒的時間就能執行；壞的習慣則讓自己得花超過二十秒的時間增添麻煩，就能避免或減少產生的機會。

實行步驟

建立二十秒內能啟動好習慣的模式。

想想有哪些簡單的方法，能讓你更容易實踐想要養成的習慣，並遠離想改正的壞習慣。

例如，你總是晚上懶得洗臉就上床睡覺，建議早上在浴室盥洗完畢後，先把洗面乳放在洗手台裡，等到晚上就寢前，在你如廁完洗手時就會看見洗面乳，藉此提醒你要記得洗臉這件事。

#6 了解自己「情緒」與「衝動」的關聯性

爲什麼有效

如果我們每天以「自動駕駛模式」完成必須做的日常工作時，其實感覺是非常簡單且毫不費力的。但是當我們有意識地付出努力，而是自我督促要把事情做好做滿時，就得多試著培養意志力，但這卻有助於增進日常生活中的小確幸！

我們可以透過「自我覺察」的方法，也就是刻意且持續觀察自己的行為模式和觸發某種行為的開關。

因為當我們站在第三者的旁觀角度時，就是以全新的視野了解自己的機會，並能藉此覺察自身的感受與行為。比方說：你可以因此察覺到，「噢！原來我是因為無法忍受老公虧我，才又多吃了一個餐包！」

當你發現老公的吐槽是觸發「你吃太多碳水化合物的開關」時，記得下次遇到同樣的狀況時，千萬不要再衝動地吃下甜甜圈。相反地，你可以把「吐槽＝吃下碳水化合物」的等式換成「吐槽＝先跟老公談談」。假如有話直說是你的個性，你就更該這樣做。

無論觸發你的開關是什麼，自我覺察是能帶來正向改變的有力工具。這一點已證實能有效幫助學生改善成績，也能幫助酗酒的人少碰酒精。

實行步驟

別因為一時的情緒而行動，應該思考「情緒」與「衝動」之間是否總有固定的關聯性。

仔細覺察你的念頭、感受與行為，並注意它們是如何觸發正面與負面的舉動。

專欄

爲什麼有些人會雇用教練？

根據國際教練聯盟指出，有許多人都會聘請人生教練，其中有百分之九十九的人覺得這麼做值回票價，更有百分之九十六的人表示願意再次尋求教練服務。此外，有將近三分之二的人認爲工作表現有所提升，還有五分之四的人表示自信心增加了。

在二〇一四年《商業內幕》（*Business Insider*）的某篇文章中，作者理查・費隆尼（Richard Feloni）探討了柯林頓總統與知名私人教練東尼・羅賓斯（Tony Robbins）之間的關係。柯林頓在二〇〇七年演講中提到，羅賓斯「不僅具有激勵人心的天賦，他更會在你遇到生活中最重要的課題時，告訴你無論在任何情況下，你仍有各種選擇。」

所以人生教練到底能幫得上你什麼忙？他們能協助你決定成功的人生應該是什麼模樣，幫你探究通往成就路上的潛在阻礙，並且創造讓你思緒清晰的空間，使你從良好進步至卓越、從只求生存到晉級爲出人頭地。專業教練會成爲你成長中的朋友、成功背後的啦啦隊長以及負責任的夥伴，協助你持續投入目標。

#7 排定例行公事

爲什麼有效

你玩過打地鼠嗎？我們喜歡玩「打地鼠」的原因，在於它能帶來立即性的滿足感。在準備打擊與預測下一隻地鼠冒起來的過程相當有趣。

在遊戲之外的日常生活中，我們無法用木槌把擋在路上的每個難題給擊退，也不可能對於各種阻礙，都做好萬全的準備。但藉由規畫自己期待完成的目標，並且為計畫趕不上變化的「突發意外」保留彈性空間，就能從容不迫地面對挑戰。即使生活出了點亂子，仍能在你的掌握之中。

我們可以藉由建立例行公事與儀式來辦到這點。例行公事指的是我們每天固定會做的事，包括：起床、刷牙或看報紙等；儀式也是例行公事的一種，但通常背後都存在某種意義，就像中午散個步或是在睡前禱告，只不過感覺起來更加重要，因為我們會將它與正面的暗示或更深層的目的相互連結。

梅森・柯瑞（Mason Currey）在《創作者的日常生活》（*Daily Rituals*）一書中寫道：「規律而有條不紊的例行公事，能為人的心理能量鑿出一條陳舊溝壑，並且有助於擊退蠻橫的情緒。」

這意味著當我們在既定時間必須以特定的方式進行特定的事時，就更容易積極地做好準備。因為一切都經過規畫，比較不容易讓意料之外的處境或情緒上的變化使我們偏離正軌。

實行步驟

1. 了解目前想完成的目標或滿足的需求。

把能帶給你良好感覺的事物列成清單。比方說：跟朋友聊天、一邊聽著你最愛的播客（podcast）節目，一邊遛狗。

2.依據需求排出優先順序。

先決定對你最重要的是什麼。試著將你的需求以一到十來評分，十分代表最重要，一分代表不太重要。選擇排名較高的需求來建立例行公事或進行儀式。

假設繪畫是你最重要的事，藉由安排繪畫的時程表，可以減少你對下次何時該提筆作畫的不確定性，並且能規畫作畫的時間與方式。

3.實踐計畫並觀察成效。

在實行新的例行公事計畫一周後，觀察執行的情況。計畫容易遵守嗎？中間是否有偏離軌道嗎？如果有的話，問問自己：「該如何把偏離計畫的可能性降至最低？」根據這些答案調整你往後的執行方式。

#8 每一天都可以是嶄新的開始

爲什麼有效

無論是在新的年度開始，或是季節轉變之際，都是讓我們進行新計畫的良好時機。不過，其實我們並不需要等到假日、生日或特定季節才可以行動，而是隨時隨地都能讓自己有嶄新的開始！

根據心理學家暨麥克阿瑟獎得主安琪拉・達克沃斯（Angela Duckworth）表示，重新出發的時刻能幫助我們「斷開」過去的失敗，有助於我們達成長遠目標，並提升「目前的自我形象與自信」。

當你感到事情停滯不前，無論是事業或感情，你不是只能身陷泥淖，無法自拔，我們隨時可以放下過去，與之劃清界線。我們不需要等到元旦，才迎接新的開始。只要你想，現在就能重新開始！

實行步驟

1.選一天當作特別的日子。

把想改變的日子標示在月曆上，告訴朋友這天自己有什麼特別的計畫，例如：「我星期六要開始找新工作了！」

2.記下你期待這天到來的原因。

你在這天要做些什麼？為什麼你會覺得興奮？而且把當天預計要做的事寫得更明確一點：「我要帶筆電到咖啡廳更新履歷，從早上十點半待到下午四點再離開。」

3.舉行小儀式，跟過去道別，以迎接新的開始。

比方說，可以透過「吹蠟燭」的舉動，象徵與過去的習慣道別。

#9 治療拖延病

爲什麼有效

你的手指在筆電上敲個不停，準備要寫報告。但你決定在這之前，先快速發個推特、傳個訊息給朋友，或先把衣服丟到洗衣機去洗，哎呀！洗衣粉沒了！趕快跑趟藥妝店，結果出門五個小時後，你除了洗衣粉之外，還買好了今年的聖誕節禮物，但是現在才七月耶……這些也都是你會做的事嗎？

拖延就像個很有說服力的朋友，總是鼓勵我們把不怎麼有趣的事情一延再延，誘惑我們先處理令人期待或是當下能馬上完成的事物。

做事拖拖拉拉，可能是因為我們認為事情難度太高，於是本能地想要逃避。又或是覺得事情還不夠急迫，可以等到之後再處理。

哈佛大學與賓州大學心理學家所進行的研究〈超越意志力：減少自制失

敗的練習〉指出，透過創造、排定並且依循計畫行事，我們可以減少拖延，並且有利於實行「困難的行動」。

一旦你按部就班地執行，最後就能從「我真的辦得到嗎？」「我能堅持到底嗎？」這些一再自我質疑的紛亂念頭中獲得解放。因為你已經有了答案，那就是：列一張詳細的進度表，幫助你通往目標。從踏出第一步開始，接著便能一步步向前邁進。

實行步驟

利用SMART目標法來設定進度表（參閱第40頁）**：**

1. 決定可行的目標。
2. 在過程中設下每日與／或每周的「小目標」。
3. 將計畫排入行事曆，並且隨時依照需求做調整。

4.為自己的進步與勝利鼓鼓掌！並想想這些事對你有何意義。

#10 全力以赴

爲什麼有效

你會閱讀本書，其實是種刻意的行為。你這樣做並不是因為你「好像」對意志力這件事感興趣，也「似乎」想要達成目標，而是因為你心裡明白自己並非「可能辦得到」，而是「真的能辦到」。

如果你想要學游泳，站在游泳池旁先用腳趾頭試一下水溫，似乎是明智的做法，不過之後還有涉入泳池、揮動雙手與戴上游泳圈等諸多步驟，更需要心理建設，但這些都還只算是暖身而已，你根本就還沒開始游泳呢！

一旦有想要達成的目標，就全心全意地向自己承諾一定會付諸行動，並毫無保留地全心投入。

米哈里．契克森米哈伊在說明心流狀態（參閱練習#43）時表示：「我們生命中最美好的時刻，並不是消極、接受與放鬆的時光。最美好的時刻通常發生在為了達成困難與值得的事物，而自動努力讓身體或心靈發揮到極限的狀態。」

你值得擁有最美好的時刻。所以勇敢一躍，跳入水中，感受池水的沁涼後，你就會看見水底截然不同的景象，並為自己的突破感到欣喜。

實行步驟

1. 對自己與你的目標許下承諾。

美國訓練與發展協會發現，有意識地決定完成目標能使成功率提升百分之二十五。

2. 把你的目標告訴別人。

告訴別人你要努力實現目標，成功率將可提升至百分之六十五。

3. 向別人回報執行的進度。

如果你能跟對方回報你的進度，完成目標的可能性將更大幅提升至百分之九十五！

#11 結合「想要」與「需要」的需求

為什麼有效

洗碗、倒垃圾等是必須做的日常家務，有時我們會覺得麻煩而發懶逃避，甚至心生厭煩，但這樣的心態是可以克服的。關鍵就在於運用「活動配對」的概念，把「想要」與「需要」這兩者的需求相互結合，進而將必須做的事變成想要做的事，這種做法稱為「誘惑綑綁」。把喜愛的事物與有挑戰性的事物合併進行，能夠紓緩你的焦慮，讓討厭或困難的工作變有趣。

二〇一二年有項研究，提供受試者一套內容輕鬆有趣的有聲書，並鼓勵他們在上健身房時聆聽，但其中有幾本只能在健身房裡使用，不能帶出去。最初的健身房報到率分別增加百分之五十一及百分之二十九，而在研究結束時，有百分之六十一的受試者決定購買那些只能在健身房聆聽的有聲書。這顯示把「想要」與「需要」的體驗結合，確實能提升嚮往或是效率的程度。

實行步驟

1. 找出有哪些是比較困難、「需要」做的事。

通常是你想逃避、不喜歡做的事，例如：燙衣服或是附餐想加點薯條。

2. 列出你喜愛或「想要」做的事。

例如：追劇或者打籃球。

3. 聰明地結合以上兩件事，提升完成的可能性。

例如：只有當你在洗衣服時，才能聽你最愛的播客節目；在剪指甲的空檔，回訊息給你早就該聯絡的人。

專欄

法官早餐吃什麼

二〇一一年，有項名爲〈司法決策的外在因素〉（Extraneous Factors in Judicial Decisions）的研究，內容是對「法官早餐吃什麼」這句話提出質疑。諷刺的是，研究人員確實對法官的食物是否會影響裁決這件事感到疑惑！

結果顯示，資深法官在吃過早餐或午餐休息後，做出假釋裁決的比率確實會隨時間遞減，從大約百分之六十五逐漸降至零。

這個結果表示當你感到心力耗竭時，透過休息與補充葡萄糖可以強化你的情緒與意志力；再者，如果你要被審判，在法官剛吃完午餐後開庭對你會最有利。

#12 強化自制力

爲什麼有效

如果你熱愛做某件事，可以藉由反覆進行，並且讓動作變得愈來愈純熟，這會讓你的生命有什麼改變？假如你能珍惜發揮自制力的機會，並且對於伴隨嘗試而來的未知感到興奮，又會怎樣呢？

如果我們把打造意志力的過程當作是場冒險，應該會很令人期待吧。你即將展開這場專屬於你、不全然完美、但卻會令你由衷熱愛的冒險，甚至還可能會享受這趟旅程。

頻繁運用自制力會提升意志力的強度，就跟肌肉經過運動會變得強壯一樣，這表示你愈常運用意志力，最終所獲得的意志力也會愈多。此外，你也不需要將自制力的發揮只侷限在特定活動上。

教授暨暢銷作家的卡爾・紐波特（Cal Newport）常撰文探討數位科技、文化，以及這兩者帶給工作的阻礙與助益，而他在鑽研羅伊・鮑麥斯特與其他人對意志力的研究之後，於二〇〇八年的一篇網路發文中提到：「日常生活中，若在『花錢或運動』上展現自制力的話，可以同時改善在『學習與家事』這類看似與之不相干領域中所出現的問題。」

實行步驟

1. 讓鍛鍊意志力變成是件有趣的事。

給自己一點小挑戰。找出五到十個你能練習意志力或自律的領域。

2. 練習自律。

提到「紀律」時你會想到哪些人？他們要完成任務時會做哪些事？你覺

得他們會有什麼感覺？再想像自己戰勝拖拉的毛病，堅持自律時，會有什麼變化？

3.犒賞自己。

每當你成功壓抑衝動時，就讓自己「獲得一分」。把計分表存在手機上，隨時察看自己何時成功戰勝欲望。

專欄

該不該去約會？

我的某位客戶對於自己的事業感到很滿意，最近覺得「應該」開始跟其他人約會，因爲她「應該」要尋找長期伴侶了。當她明白自己的動機來自於所謂的「應該」時，便開始質疑自己是否眞的想這麼做。她很納悶，「約會是否只是我們在人生待辦清單上必須打勾的其中一項呢？」

爲了判斷約會是否對她眞的很重要，我們探討了她的內在動力因子（參閱練習＃41）中有親密感、連結感與伴侶關係。當她認清自己想滿足這些要求的渴望，對她而言是最重要的價值之後，終於明白自己的確想要約會，與人交往！

然而，這並不是因爲她想要「結婚」才去做，相反地，這個念頭反而讓她不怎麼有動力約會。藉由發現她「想要體驗親密感」的這個特定動機，讓她產生滿足這項需求的意志力。

#13 為環境打造誘惑防線

爲什麼有效

勵志演說家亞歷山大・丹・海耶爾（Alexander den Heijer）說：「當花朵無法綻放時，你該改變的不是花，而是花的生長環境。」用這樣的說法來比喻，應該會覺得意志力沒有想像中困難，比較容易做得到。

也就是說，如果提升意志力的關鍵是少強調內在的毅力、多調整外在環境的誘惑，那麼你只要減少食物櫃裡的酥皮庫存，也把鬆餅一併清掉就好了。

當內在力量勝過外在誘惑力時，比較能展現意志力，如果能減少環境誘惑力與內在力量相抗衡，自然能把自身的能量導向目標行為上，才容易達成目標。

杜克大學心理學家丹．艾瑞里在《商業內幕》的訪談中提到：「環境真的很重要。我們以為單靠自己就能做出決定，但環境其實會造成巨大的影響。因此，我們需要思考如何才能改變環境。」

假如手機裡沒有糖果傳奇（Candy Crush Saga）遊戲，我們就無須抗拒想玩手遊的衝動；如果電視上沒有Netflix，我們就不太可能有追劇的念頭。但這些都只是「假如」。想要克制誘惑，實在是太困難了！不過，當我們直接消除誘惑的源頭，就能從它的魔爪中解脫，不用再左右為難。

一旦丟掉在你視線所及的電玩或甜甜圈，我們就已經做出了抉擇，選擇往目標、夢想前進，這樣在面對隱藏在家中或公司裡的諸多誘惑時，可說是勝券在握。

實行步驟

1. 找出誘惑在那裡。

檢視你的環境裡有哪些對於達成目標是毫無幫助的事物?是廚房檯面上那碗 M&M's 巧克力?還是手機上常三不五時冒出來的新聞提醒?

2. 排除誘惑,或尋找能替代的事物。

如果你想避免不自覺地吃零食、打電玩或其他放縱行為,並且想在工作時保持專注,只要將阻礙我們成功的誘惑排除,或找到可替換的事物即可。

也就是說,有時我們不一定要完全戒斷這些誘惑。與其把糖果盒丟掉,不如在盒子裡改放水果。或者,假如把手機裡的所有通知全部關掉會令你有點難以適應,可以讓新聞提醒改成只會在休息時間響起。

3. 常自我提醒設定的目標。

當你把手伸向盒子，想拿 M&M's 巧克力，卻摸到蘋果時，可能會讓你不太習慣。這時記得提醒自己為什麼會把巧克力換成蘋果，並藉此想起自己所設定的目標。你很快就會習慣沒有誘惑的環境，並且為自己戒掉壞習慣而感到自豪，這也許正是最完美的犒賞。

#14 成功來自你聚焦的能力

爲什麼有效

當我們手邊的工作滿檔，要撰寫電子報、為報告打分數、打電話給保姆以及拍攝影片，在沒有同事、合作寫手或助理的情況下，一人多工是我們不得已的選擇。

然而，在不同工作間不停切換，有如打乒乓球般跳來跳去，會讓我們陷入「注意力殘留」（attention residue）狀態，這是由華盛頓大學商學教授蘇菲・李洛伊（Sophie Leroy）在二〇一六年研究中所提出的名詞。在這種狀態下，即使你已經將注意力轉移至下一個工作，大腦仍有一部分會專注在上一個任務上。

如果我們想要有良好的表現，李洛伊建議我們必須只在一件工作上全神貫注。想想電腦同時開好幾個視窗的情況，假使我們在打開下一個視窗之前能先把原本的視窗關閉，就能讓電腦跑得更快、更有效率。

對人腦來說也是同樣的狀況，多工處理讓大腦必須快速切換視窗，不但效能降低，也會讓人感到疲勞。所以即便你行程滿檔，同時在工作與家庭中塞滿許多待辦事項，還是要善用專一力原則（singletasking），一次只做一件事，如此才會讓生產力更高。

實行步驟

1.避免分心，只專注在手邊的工作上。

我們或許無法杜絕所有的干擾，但試著把桌面清理乾淨，不要擺和工作不相干的物品，就能減少轉移注意力的機會。

2.斷絕誘惑，盡可能排除所有的干擾。

你可以為自己打造隔絕誘惑的環境（參閱練習#13），例如：雇用保姆、關上房門、關掉手機，把所有可能的干擾降至最低。

3.一次只做一件事。

如果每件事都只做一半，就等於根本沒完成任何事，所以在你開始進行新的工作之前，先把當下的工作好好完成，如此一來，你才有可能在這兩件工作上，都交出漂亮的成績單。

#15 預先擬定犒賞計畫

爲什麼有效

假設你在意志力的刻意練習時能順利地以進兩步、退一步的步調穩定邁向目標，就連你的朋友都發現你似乎快戒菸成功了。為此，你的感覺良好，好到你發現自己居然買了一條香菸來慶祝！

為何當成功在望時，我們常會警戒心鬆懈？對此，健康心理學家凱莉・麥高尼格解釋，我們內心有兩種彼此競爭的渴望，像是維持健康飲食的渴望與大啖美食的渴望。因此，當我們持續滿足其中一種渴望時，另一種就會失去耐心，不斷吸引我們注意並且大喊：「喂！那我呢？」所以我們便會想滿足這個被遺忘的渴望，而開始吞雲吐霧或放縱大吃。畢竟，既然到目前為止自己都一直表現優異，難道這不值得鼓勵自己放鬆一下嗎？

如果我們發現自己在練習時前進兩步，卻又後退兩步回到原點時，先暫停片刻。與其猛然斷絕既有的固習，不如有計畫地一點一點做出改變，之後就不再會出現退步的情況了。

實行步驟

在成功達成目標之前，先想想獎勵自己的方式。

藉由排定犒賞計畫，我們就能避免產生自己是在嚴守健康飲食計畫的感覺。預先規畫我們將在何時、何地，以及要如何慶祝達標或完成目標，便能緩和嚴苛的自我約束，並且覺得這些限制不會那麼難捱了。

#16 解密衝動

爲什麼有效

我的客戶黛柏拉有個想改掉的不良習慣，就是當她打開電腦，要編寫教練課程的行銷資料時，只要缺乏靈感或遇到瓶頸，她就會切換到購物網站，在線上大肆狂買。一開始她只是要切換注意力，短暫地稍事休息，後來卻逐漸演變為無法克制地上網瞎拼，淪為常態。

如今她的衣櫥已經大爆滿，工作進度也常無法如期完成。她告訴我：

「我也不想這樣，但總是會變成這樣……」

相信大家都能理解黛柏拉的情況，因為我們都曾和她遭逢一樣的處境。

原本打算專心做事，結果卻跑去＿＿＿＿＿＿（在這裡你可以填入你後來做的任何事）。

我們都曾在某個時間被衝動、需求或渴望迅速征服，在突然間成了傀儡，喝下第三杯雞尾酒、吃下最後一包洋芋片，彷彿對於舉動荒謬的操偶大師言聽計從。

心理學家暨麥克阿瑟獎得主安琪拉．達克沃斯探討了這位狡猾「操偶師」操控我們的三種方法，或者如她所說：「衝動是如何轉變為行動。」達克沃斯在她的研究〈超越意志力：減少自制力失敗的方法〉中舉了一個例子：「你會去抽大麻這件事的動機，可能是因為看見朋友在派對上抽大麻，而若你也能一起抽，所獲得的獎勵包括被同儕接納，以及在吸毒後會產生愉悅感，這些感覺可降低同儕間的壓力，並進而受到負面的強化。」

當你抽絲剝繭試圖釐清這些感覺時，會發現你做出的所有反應是完全合理的：我們受到看見的事物所驅使，發現在吸大麻時，自己會被朋友接納與獲得歸屬感，也不會因此而遭到懲罰，這一切都讓吸大麻變得合情合理！我們贏得一石三鳥的獎勵——欲望、接納、寬慰，所以我們會輕易地脫口而出說道：「好啊，給我一點。」

了解驅動我們行為的因素、我們何時會產生衝動，以及哪些事物會強化或顛覆我們的決定，都能使我們更慎思熟慮，而不會把一次狂買八件毛衣的盲目衝動擺在第一位。

實行步驟

1. 發現會讓你衝動的事物。

先了解有哪些事情會讓你體內大量產生多巴胺，知道有哪些事物特別會引起你的衝動。比方說：忍不住想查看社群軟體和交友軟體，或繼續點第二杯、第三杯飲料。

2.事先擬定因應之道。

採行「如果……那就……」造句法，像是：「當我參加派對碰到有人請我喝飲料時，如果我手裡拿著汽水，就可以順理成章地婉拒對方。」（參閱練習＃38）。

3.理解你的欲望是「需求」還是「衝動」。

釐清自己的想法，是「要是有的話也不錯」（逛逛也不錯，我相信自己可以不亂花錢，能保持定力）、「必須要」（我必須放縱一下），以及「想要」（我真的很想要買這個，但應該要抑制衝動，其實不買也沒關係）。

當你能夠判斷內心的想法是屬於上述哪一種時，就能了解當下該如何抉擇了。

第五章

改變觀念，跳脫讓意志力匱乏的舊思維

#17 翻轉想法，改造阻礙

爲什麼有效

我們總愛對事物貼標籤，像是：好的、壞的、對的、錯的、簡單的、困難的。這些分類方式是大腦試圖簡化生活，而將所有事物加以組織，如此一來，我們便能知道該親近哪些好的事物，也能懂得遠離其它有害的事物。

可是當我們將事物貼上正面或負面標籤時，其實也就改變了自己與這些事物接觸與互動的方式。舉例而言，如果我們把早上六點的健身課程視為困難的挑戰，自然會對上課失去動力；若認為這是個能在上課途中獨享日出美景的機會，便能因此受到激勵，而能產生動力去實行！

試想當我們給予事物定義，或是擁有令人鼓舞或頹喪的想法時，就好比下了個決定性的結論。既然如此，為何不在能幫助我們進步的念頭上，貼上正面積極的標籤呢？

例如：別再認為「以蔬菜取代碳水化合物做為點心」是不可能的事，而要將這樣的想法扭轉成正向思維，並具體且積極地落實成行動。

實行步驟

1. 不要自我設限。

試著拋棄「這對我來說太難了」或「我根本做不到」的想法。

2. 設想能讓自己動起來的理由。

告訴自己：「即使現在我真的覺得很困難，但我明白早起到健身房上課能夠帶給我一整天的活力。」

3. 強化新的念頭。

仔細思考、寫下來、讀出來，而且要不斷重複去做這些事！

#18 改變想法，就能改變結果

爲什麼有效

在進行了一連串的意志力練習後，你決定把甜點店的資訊刪除。以往裝滿冰淇淋的冰箱，如今已經成為冷凍蔬菜的天堂，餅乾罐現在也全裝滿水果，就連臥室裡藏起來的零食也都全部淨空了。

但人算不如天算，幾天後你被朋友選為這次外出遊玩的策畫負責人，而且地點還是賓州賀喜巧克力主題公園。「可惡！」你心想，「看來到參觀結束前，我都得置身在巧克力的世界裡了。」

現實中總是會遇上無法堅持意志力的狀況。雖然我們無法控制環境，卻能控制自己的想法。

當遇到這種情形時，有些人可能把參觀巧克力主題公園的這一天當成無法跨越的阻礙，認為根本無法躲避大啖巧克力的誘惑；有些人可能把這趟巧克力之旅當作鍛鍊意志力的機會，在前往參觀公園之前，就先用富含蛋白質的餐點填飽肚子，並想一些方法遠離誘惑。

從上述例子可以得知，對於處境抱持不同想法，就可能產生差異極大的結果。這沒有正確答案，只有你自己知道什麼方法適合你。

實行步驟

1.留意因特定處境而起的念頭。

例如：當你想到賀喜巧克力主題公園裡頭的甜點時，可能會想：「我一定會忍不住誘惑而去吃巧克力。」

2.決定你是否想改變這些念頭，以及哪些想法對你比較有益。

你為了不要破壞戒斷甜食的目標，決定要抵抗誘惑。或許你打算當天去賀喜巧克力主題公園時，會把焦點放在周圍的美景，或跟朋友玩樂的事上，而不是一心想去吃巧克力。

3.預想你選擇新念頭後，會有哪些感受。

當你成功抵擋想吃巧克力的誘惑之後，心中可能會產生平靜、愉悅的心情。

4.想像這些感受會讓你採取什麼正向行為。

你可能會更享受和朋友開心玩樂的時光。

專欄

透過RAFT公式，打造渴望的成果

你對未來有所憧憬嗎？只要把你渴望的結局套入下方RAFT的公式裡，藉此反向追溯，就能找出達成目標所必須的想法、感受與行動。

RAFT＝RESULTS（結果）→ACTIONS（行動）→FEELINGS（感受）→THOUGHTS（想法）

R（結果）：你最渴望的結果是什麼？→乾淨的臥室。

A（行動）：哪些行動有助於達成結果？→吸地板跟整理衣服。

F（感受）：什麼感受能讓你採取行動？→決心。

T（想法）：什麼樣的想法有助於你產生這種感受？→我只要十分鐘就能搞定。

現在，就利用這套RAFT公式來達到你最渴望的成果吧！

#19 克服對改變的抗拒感，遠離舒適圈

爲什麼有效

想減少使用社群媒體？減少超支？不再咬指甲？也許你曾經成功中斷這些習慣，卻無法完全戒除，而為此感到苦惱。不過，其實很多人在戒掉壞習慣方面也和你有一樣的困擾。究竟我們為何老是對於想要拋棄的事物遲遲不敢鬆手？

原因就在於，有時維持現狀的感覺勝過決心改變。換言之，維持現狀能帶來某些好處。假如你還戒不掉某種習慣，可能是因為在某種程度上它讓你感覺很好。

所以，只有當我們發現新的習慣能帶來更大的好處，並對此持續抱持著好奇心時，我們才能擁抱更好的習慣，也讓自己獲益！

不過，無法立即養成新習慣，主要還是來自兩種原因：對未知和對失敗的恐懼。

實行步驟

1.理解自己對未知會產生抗拒。

抽菸、花費超支與咬指甲雖然都是壞習慣，但這樣做能讓我們在熟悉的感覺裡覺得自在。即便我們不喜歡這樣的自己，卻也寧願待在舒適圈裡，因為面對未知實在是太困難了。就算我們深知新的習慣比較健康，卻仍覺得保持原來不良的習慣會比較舒適安逸。

那麼當你想像自己成功養成新習慣時，會產生哪些令你恐懼的想法？例如：「我沒辦法再像以前一樣怠惰了」或「朋友們會不喜歡改過自新的我」。想想這些答案，也誠實面對自我吧！

2.練習正念，好好感受。

與其逃避，不如接受。去辨別那些你抗拒改變的感受，看看它存在你身體的哪些地方？是在胸部？還是胃部？不要拒絕或否定這些感受，它們純粹只是身體的感覺。

一旦我們不再抗拒負面情緒或感受，就可以開始培養全新的好習慣（參閱練習#54）。

3.克服對失敗的恐懼。

如果你知道自己的改變會成功，你會想做些什麼呢？若是你失敗了，你願意在增強意志力這件事上做出哪些改變？

當然，假如我們永遠不嘗試，就不需要面對失敗，也不必感到失望或承擔任何負面感受。然而，對失敗的恐懼不僅會剝奪我們嘗試的機會，更使我們離成功之路愈來愈遠。

4.重新定義失敗。

賦予「失敗」更多正面的意象，像是：勇於嘗試、願意突破、勇敢等，這樣做有助於翻轉你認為「失敗就是輸家」的概念。把失敗視為下定決心與積極努力過後的可能結果，不是對你能力的批判，而是你勇氣的體現。

#20 賦予困難不同的意義

爲什麼有效

絕大部分的人都會為了某個目標而努力，例如：為他人生命創造更大的影響力、尋求升官、與太太少點爭執、戒斷使用社群媒體。然而，想達成這些目標都需要改變他們的處事方式，比方說：擁有不同的思維、運用不同的解決方法，或是產生不同的反應，以獲得不同的結果。

許多人認為「改變」就代表著「困難」，但其實並非如此。「改變」是提供自己全新的想法，也能給予自己刺激與激勵。把「改變」當作是學習、成長、成為更好的自己的機會，就不會認為改變必然會歷經痛苦。

此外，透過找到讓自己「想要」改變的動機，就能讓改變進行得順理成章。做法很簡單，就是把「視困難為助緣」。

我有位客戶為了參加馬拉松比賽，連續好幾個月每周訓練五天，從不間斷，但最終她卻未能獲得參賽資格。這個結果照理應該會讓她萬分沮喪，畢竟她付出了那麼多努力，為此辛勤練習。但是她非但不難過，反而是將落選這件事視為自己跨出舒適圈的證明，也認為這是修正缺失後，能再重新出發的絕佳機會。

她看見的不是「出局」，而是「調整方向」。同年，她為了日本的另一場馬拉松賽事繼續努力鍛鍊，並如願獲得參賽資格。

也許令你手足無措的難題並非突如其來，也不是你在當下就得立即克服的阻礙。或許難題降臨在你身上並非要打擊你，而是為了幫助你。要將我們認為「不好」的事物，視為可能對成功有益的助緣。或許這樣想有點困難，但何不放手一試？如果成功的話，「不好」的事物就會減少，並且有可能帶來更多、更美好的事物！

實行步驟

1. 問自己兩個問題。

先問問自己，如果你面臨的挫折在某種程度上對你有益，它會以何種方式呈現？再問問自己，如果你得經常面對這種阻礙，原因是什麼？

你也許會想：「哪有什麼原因」、「根本就是我運氣糟透了」，或是「你是在跟我開玩笑嗎?!」但我不是在說笑，我非常能了解你的感覺，因為這種想法既新穎又與眾不同！但還是請你好好想一想。

2. 回答上述的兩個問題。

你的答案能幫助你進步，就當作這是在挑戰自己的創造力，你要賦予你視為阻礙的事物不同的意義。

別再說「我不知道」。根據我的經驗與直覺，你在內心深處一定明白答案是什麼，而這或許能使你把遇到的難題看得更加透徹，並更有頭緒去解決它。

#21 以全新觀點來看壓力

爲什麼有效

想像在排山倒海的感受與壓力迎面而來時，先不要排斥這些感覺或為此惱火，反而是接受、甚至邀請這些壓力進入我們的生活中。我們總是認為壓力有害健康，所以這個「張開雙臂迎接壓力」確實是個很奇特的概念。

但假如中風、心臟病等疾病，並非源於壓力，而是來自被眾人所誤導的錯誤觀念呢？

根據二〇一二年的研究，若將壓力單純視為負面因子，會導致身心狀況欠佳，也更可能縮減壽命。

然而，你無須對這樣的結果感到焦慮，即使如此也無妨，只不過你應該從現在起試著將壓力視為正常現象或是正面的助力。根據健康心理學家凱莉・麥高尼格表示，壓力對健康的有害影響「並非無可避免」，而且你如何「看待壓力」以及「如何行動」，可以改變你對於壓力的感受。當你選擇接受壓力並且擁抱它，就能「為身體創造勇氣」。

實行步驟

花點時間試著接納壓力。

當你發現壓力引發你的負面想法時，先暫停片刻，並思考壓力纏身是什麼感覺；如果把壓力視為正常、必然的現象，甚至有益於達成目標的助力又會是什麼感受。

或許剛開始你會對這種顛覆既往的想法不太習慣，但倘若接納壓力能成為你創造勇氣的契機，這樣做將會改變你對壓力的想法。

#22 借力使力，讓壓力成助力

為什麼有效

太極拳有個理論是這樣的：「如果敵人朝你逼近，無須展開防衛或攻擊，而要順著他們的方向移動。這麼一來，你便不需要施加額外的力氣來推開或阻擋他們。因為以剛剋剛會兩敗俱傷。」

這種做法也適用於培養意志力習慣。與其跟你在意志力道路上所面對的挑戰硬碰硬，不如放下拳頭擁抱它。沒錯，就是大力擁抱、自在相處！

因為這些障礙不一定是來惹怒或是妨礙你的。事實上，它可能是幫助我們更了解自己的契機，例如：了解我們的本能反應、面對誘惑或壓力時的行為，或是處於順境或逆境時該怎麼應對。

避免正面對抗困難或挑戰，透過擁抱它們，對其感到好奇並從中學習，能幫助我們得知下一步該怎麼走。換句話說，就是不要傻傻地一直用頭撞牆壁，而是先了解這面牆之所以存在的原因，然後再試著找到能通往外界的大門或窗戶。

我們不可避免都會面對壓力，而壓力的程度、觸發壓力的因素以及對壓力的反應都不同。但當壓力出現時，重點不在於力道的大小，而是你如何反應。

實行步驟

1. 找出你的壓力來源。

什麼事情會引發你的壓力？是節節逼近的企畫提出期限？鬧鐘響之後按了五次貪睡按鈕，結果差點上班遲到？還是與客戶共進午餐時，抓不到對方說的重點是什麼？

試著分析有什麼壓力會在何時、何地、如何進入你的生活中，並把這些發現記錄下來。

2.察覺你面對壓力時的反應與處理方式。

留意自己面對壓力時會如何反應，你會去逛街、狂吃、大吼大叫、搞孤僻、抽菸、跟朋友訴苦，還是付諸行動解決問題？下次當你感到焦慮或壓力時，先暫停一下，回想之前遇到同樣的情況時，壓力產生的原因是什麼，你又是如何處理的，就像你在看足球比賽的精采重播一樣仔細觀察一下。

透過回想，思考自己在面對「上班快遲到了」或是必須「盡快做決定」的壓力時，會做出什麼反應，並找出有助緩解壓力的方法。記得，做法並無對錯之分。這個練習的重點並不是要自我批判，而是深入洞察我們的行為並加以改善。

3.化壓力為成長的養分。

一旦了解壓力是如何產生，更有助於避免、減緩與應付壓力的形成。藉由不斷觀察與改變自身的做法，我們便能逐漸化壓力為自我成長的養分。

#23 重新詮釋會誘惑你的壞習慣

爲什麼有效

現在，我們來聊聊誘惑吧！像是吸進一口香菸所帶來的舒暢、咬下一口熱呼呼麵包所感受到的香濃口感。當我們如此具體形容這些事物，它們就會如實呈現，不過若我們為這些事物賦予會左右我們看法的全新意涵，縱使實際的事物並未改變，也會影響我們對它們的觀點。

還記得第一章提過的棉花糖實驗嗎？心理學家沃爾特．米歇爾表示，如果建議孩童將棉花糖視為「蓬鬆的白雲」時，他們便能夠等待超過兩倍的時間才吃掉；相反地，如果是想像棉花糖口感「香甜黏膩」的孩童，則毫不意外地會很快就把糖吃掉。

假如貼在事物上的標籤會影響我們對事物的觀點，那麼何不在會令人放縱的事物上，貼上能將誘惑減至最低的標籤呢？

例如，試著把香菸想像成「會讓嘴巴萎縮」的「滅齒棒」，像這樣帶有負面觀感的想像，會讓你對難以戒除的事物退避三舍。

實行步驟

重新詮釋你想改卻無法戒除的習慣。

假如你有咬指甲的壞習慣，去看看有同樣癖好者的影片，每當你又想咬指甲時就看看影片，一定會感覺很不舒服。藉此，你可以讓大腦從不同角度看待這種曾令你「愛不釋手」的行為。

當你愈能將某種壞習慣與負面的想法連結，這種習慣的吸引力也就愈容易隨著時間而減低。

#24 採取第三人稱的觀察角度

爲什麼有效

當你在選擇中陷入兩難：不知該去做瑜伽，還是乾脆蹺課賴床算了；是要狠下心來花大錢買毛衣，還是只要看看櫥窗陳列，過過乾癮就好？試著透過旁觀者的角度，也就是以第三人稱的客觀視角，看看自己會有什麼感覺。

例如：「艾莉亞猶豫是否該寫下這個刻意練習的方法，因為她不確定讀者會不會覺得這方法很蠢。」這樣做可能讓你釐清想法或問題，並找出適合的解決方法，或是做出最好的選擇。

不過說真的，當我們對某個選擇反覆思考，尤其是在承受壓力的情況下，可能導致判斷力下降。相反地，以第三人稱敘述法，在你與自己所經歷的故事之間預留些許空間，將有助於你不帶偏見地思考，也能幫助你對面前誘人的選擇時也能發揮自制力。

實行步驟

1. 察覺到意志力開始不受控。

當你對「我該不該吃布朗尼」等諸多誘惑，都能提出無法拒絕的正當理由時，會很容易因此搖擺不定，對自己手下留情，進而破戒或前功盡棄。在發現自己的意志力開始動搖時，先稍微暫停冷靜一下！

2. 以第三人稱角度找到看事情的新觀點。

透過第三人稱的角度自我抽離，例如：「艾咪擔心如果請假的話，會無法受到老闆器重。」利用「置身事外」的旁觀者立場，觀察並同理自身的感受。之後再想想接下來要怎麼做。

專欄

以自我抽離釐清想法

籃球明星「詹皇」勒布朗・詹姆士（LeBron James）在考慮究竟是要與克里夫蘭騎士隊或邁阿密熱火隊簽約時說過：「我不會做出情緒化的決定，我想做的是對勒布朗・詹姆士最好、讓勒布朗・詹姆士高興的決定。」在〈自我對話的調節機制：你怎麼做很重要〉（Self-Talk as a Regulatory Mechanism: How You Do It Matters）一文中，研究人員思索他這段話用的是「過去式」，是否只是他單純以第三人稱描述時的用詞癖好，刻意以旁觀者的角度來談論自己？還有當他自稱全名時，是因爲他跟粉絲一樣對自己欽佩不已嗎？或者其實是爲了要衡量自身的情感和利益，而選擇自我抽離？

無論如何，利用第三人稱角度來抽離自我，確實能幫助我們在當下做出更好的決策，也能在有壓力的環境下調整想法、感受與行爲。

#25 與你的內在批判交朋友

爲什麼有效

讓我們來談談自己的內在批判，它是我們大腦中過於挑剔、苛刻甚至貶抑的聲音，告訴我們像是「你已經年紀大了，早該在幾十年前就開始吃得健康一點！」或是「這些練習對你根本沒用，你永遠沒辦法堅持下去！」

內在批判有個強烈的使命，那就是讓我們陷入自我懷疑，使我們感到罪惡、無能甚至羞愧。而且內在批判不太會單獨出現，有時會與它們的親戚「比較與絕望」成群結黨而來，讓我們跟他人相互比較，覺得自己真的不如人而感到絕望。不然就是會找來「冒牌者症候群」，讓我們即使再成功，依然會覺得自己不夠好。

內在批判之所以難搞，在於它所描述的特質常讓人覺得很真實。像是我有位客戶的內在批判會告訴她：「妳永遠無法準時完成工作！」「妳的老毛病是永遠改不了的！」她很容易就相信這個內在批判的聲音，因為這些奚落自己的說法似乎所言不假。她也很容易找到證據，證明內在批評的看法無誤。她的工作的確時常無法如期完成，也常覺得自己還不夠努力。假如她選擇贊成內在批判的說法，那當然會感到挫敗並想就此放棄。

那麼，我們該如何制止這個小惡霸？「多加觀察」是個很好的開始。想像舞台上一盞光亮的聚光燈突然轉向左邊，直接照在舞台側邊的演員身上的樣子。這位演員其實並不想露面，因為他正嘲笑著舞台上的其他演員，而大夥兒也不知道噪音究竟來自何處。一旦這位演員曝光，就想想他走上舞台大聲宣布：「哈哈！被你們找到了！惡作劇結束了！」

你可以用同樣的方式想像我們的內在批判，就是那位站在舞台旁的演員。藉由把聚光燈打在它身上、發現它的存在，我們就能削弱它的強度，甚至無視於它的影響力。我們可以聽見它以看似合理的藉口，試圖阻止我們前進，接著我們就能張開保護傘不受它的冷嘲熱諷，或者可以將其視為某種白噪音，抑或當作討人厭的蒼蠅將它趕走就好。

事實上，內在批判都是出於善意。特別是當你面對可能失敗的事物時，內在批判就會發聲，將你拉住並留在原地。

了解這點有助於讓我們放輕鬆，或使我們對內在批判的看法變得不那麼嚴苛。內在批判只是受到誤導的小幫手，它其實想確保我們的安全，不讓我們受傷。然而，它卻在不自覺中帶來遠超過益處的傷害。

在心理療法領域，內在批判是一種概念，用來形容內心出現使人困擾的批評聲音。透過下面的步驟，能幫助你即使面對最強大的內在批判時，也能不受干擾，直往目標前進。

實行步驟

1.發現內在批評的存在。

我們要如何擺脫這位受到誤導的小幫手，或是這位內在的法官？答案是：辦不到。但藉由發現它的存在，我們可以不受它的影響，繼續前進並成功實現目標。

2.將它擬人化。

想像你的內在批判是大還是小？是綠色還是紫色？看起來會像隻小怪獸或是外星人？透過將我們的內在批判擬人化，能更容易使它現形，進而觀察，並與它保持距離，不會受到它的批評或奚落。

3.與它交朋友。

當內在批判突然現身時，試著告訴它：「謝謝你想要保護我，但我並不需要你。」

#26 解決左右為難的認知失調

爲什麼有效

你知道抽菸對你不好，但還是戒不掉；你覺得禮服實在太貴了，但為了要參加一場重要的活動還是咬牙買了下來。同時抱持兩種相互矛盾的信念，表示你有「認知失調」，就像同時身為兩支敵對球隊的啦啦隊成員，在比賽時感到錯亂，不知該為哪隊加油才好。

我們的內心總是尋求和諧，所以假如我們花時間在不協調的事物上、抱持相互對抗的雙重信念、價值或概念，就會不知所措，感到一片混亂。

那該如何解決認知失調的問題呢？試想假如我們正在談判，勝出的將是最有信心、最強勢或最有說服力的論點。同樣地，當你陷入認知失調的掙扎裡，例如：「我該不該花這麼多錢？」只要為贏家營造更強勢的情境，接著再大力敲下木槌定案就好。

然而，這並不像數一二三這麼簡單，尤其當你已經習慣對正反兩方都給予贊同時更是如此。你或許已經習慣這種矛盾的狀態，但你的心情肯定不會太平靜。現在，你可以利用認知失調的心理不適，幫助你推向目標。

實行步驟

1. 認清事實。

就算你過去一直同時支持敵對雙方，也完全沒關係！因為這兩方都符合你的特定需求。禮服的確很漂亮，抽菸也令人覺得舒暢。然而，你其實明白，拯救荷包與饒過你的肺部一命也是很好的選擇。

2. 選擇真正該支持的一方。

決定你最想支持哪一方，並決心遠離另一方，徹底轉為支持你心中真正的贏家或應該得勝的一方。

3.在過程中對自己抱持同理心。

當你曾經同時為兩隊歡呼時，突然要放棄其中一方顯然並不容易。你可能會質疑自己的選擇，或試圖重新與兩隊保持友好。如果你過去對雙方的支持呈現五五波，即便轉變為六四波的微小差距也會讓你如坐針氈！

不過，在內心深處其實知道自己真正要的是什麼。好好堅持下去！持續為你真正希望獲勝的隊伍歡呼。加油，健肺隊！過不了多久，你就能大方地對其中一隊歡呼，並且很篤定你選擇的那方才是對自己最有利的。

#27 修正你的認知偏誤

爲什麼有效

假設你正在實行新的健康飲食計劃，在外出用餐時永遠都是「把醬汁放在盤子旁邊」；下廚時總會「把醬汁分量減半」，但你並沒有把這件事告訴先生，因為你覺得他會懷疑你到底能撐多久。而當你終於告訴他之後，他的回答是：「那就拭目以待吧！到時候就知道這些方法到底有沒有用了。」

「我就知道他會這樣說！」你心裡可能會這樣嘀咕，因為你早已預設你先生會諷刺並唱衰你的決心，然而或許他這番話的背後，說不定是真的希望你身體健康。像這種先入為主的偏見，就是認知偏誤。

因為認知偏誤，所以我們會選擇最能支持自己的預設立場或理論。當我們本來就持有某種觀點時，對這種觀點的感知和注意度自然會被放大，會選擇性地回憶或收集與它有關的事例。認知偏誤也是一種框架效應，會框住一部分資訊，讓我們只採納原本願意相信的片面訊息。

也許先生對你的健康計畫很感興趣，又或者他確實在質疑你的能力。但無論如何，假如我們願意了解自己可能產生的偏誤之處，就有機會做出改變；有了想法上的改變，就有機會可以在情緒上做一些改變；有了情緒的改變，才可能做出行為上的改變，並且敞開心胸迎接更多正面的可能性。

實行步驟

1. 後退一步。

當我們深陷於認知偏誤之中，就難以發現它的存在，所以要先後退一步，客觀地審視自己。你可以試著利用（練習#24）的「採取第三人稱的觀察角度」，看看是哪些偏誤阻礙你前進。像是預料第一次約會一定不歡而散？

如果屋子裡有碳水化合物，自己一定會無法克制地大快朵頤？仔細思考這些事物是否為真。

2.從不同的角度再次審視想法和觀念。

問問自己能否從不同的觀點看待偏誤。如果你是心理諮商師或營養師，他們的說法會跟你的一致嗎？

3.挑戰自己面對嶄新思維。

我們當然也可以繼續順從自己的確認偏誤，持續走在相同的道路上。或者，你可以挑戰不同的嶄新想法。剛開始你可能會覺得不太習慣，不過如果這樣做能幫助我們更進步，就值得嘗試。

專欄

爲老年提早打算

你想投資未來嗎？那就先從投資隨著年紀增長的自己開始吧！我知道這種說法並不像是典型的理財投資建議。

講到老年，大家都會想到要身體健康，所以會及早保養身體，有不少人會先從飲食著手。話雖這麼說，但我們總是會先放棄「要吃得健康」這項新年新希望，這是因爲我們很難與未來的自己建立連結或產生代入感（參閱練習#70）。

不過，研究人員發現了一種有趣的解決方法。在實驗中，受試者在看過老後的自己時，就增強儲蓄的想法，多數人都決定如果獲得一筆獎金，他們不會花掉，而是爲了未來而存下來。這很酷吧？

用現在的年齡思考未來的自己時，就像是想著一個跟自己毫不相干的陌生人。但是當利用科技的力量，讓自己看到未來變老的樣子，這個陌生人就跟你拉近了距離。

因此，如果你想增強實現長期目標的動力，不妨試試看利用AgingBooth、FaceApp或Oldify之類的應用程式，看一下自己年老色衰的面貌，進而讓自己在現實世界能做出對未來更好、更有益的抉擇。

#28 破除認知扭曲之一：心理過濾、誇大與貶低

爲什麼有效

雖然本書有多達七十五條與增強意志力有關的刻意練習，但我們也得應付一些難以捉摸的認知扭曲。

認知是我們用來審視自己、他人、經驗與世界的思考模式，雖然看似合乎邏輯，事實上有時卻會有扭曲的情況。

想法之所以會偏頗、和實際狀況不符，是因為大腦試圖保有我們所預先設想的概念，即便這些概念並不正確或毫無益處。因此，若能了解並分辨這些偽裝的念頭，就能弱化它們的影響力。現在我們就先從心理過濾、誇大與貶低這兩個觀念開始說明。

首先，檢視你的意志力執行歷程，像是連續三天早起上健身房的次數，

以及忍不住到鄰居家參加烤肉與大吃冰淇淋的次數。計算一下你成功、停滯不前和放棄的次數。接著，想像你拿起放大鏡，只聚焦在看似失敗的經驗上。如果你認為某件事情失敗了，很可能它並非是真的失敗，也許只是你內心產生「心理過濾」（Mental filtering）作用，也就是我們會下意識只關注事物的消極面，而看不到積極面的一種認知扭曲。

但你無須為此感到沮喪，一旦留意到自己看事物的角度有略偏消極的傾向，就能加以改變！

另外，當心中出現「誇大與貶低」（Magnification and Exaggeration）的想法時，我們可能同樣會將正面體驗打折，並放大負面體驗。舉例來說，在公司做簡報會議時，你忘記放入三張重要的投影片，即便最終簡報非常成功，但你卻只對自己漏放投影片的失誤耿耿於懷，而無視於同事的讚美。

實行步驟

1.了解自己的思考模式。

從科學的角度來看，這些認知扭曲雖然是大腦誤導我們，但它們仍是往正確的方向走，所以應該對自己要有一定的寬容。每個人偶爾都會遇到類似的問題。當我們熟悉這些認知扭曲並且面對現實，就能進入下一個步驟。

2.區分「事實」與「想法」的不同。假如你覺得事情不如想像中順利，那就試著釐清「事實」與「想法」這兩者有何不同。例如：你覺得自己的簡報做得很糟糕，然而事實應該是「我完成了簡報」，想法是「但結果不太好」。

事實是可被證明的事物，例如：「這是字母W」；想法則是單純看事實的觀點：「這個W如果換別的字體會比較好看」。為了讓思緒更清晰，我們應該區別事實與想法的差異，並且質疑情境的真實性。

3.相信新的觀點。

你不必相信除了當下思維以外的任何事。但假如你的想法並不能讓你變得樂觀，何不試試另一種想法？

你或許可以這麼想：「我完成了簡報，結果還可以。雖然有些地方想做些調整，但我發現每個人似乎都很滿意。也許我做的比我想得還要好。」

練習新的思考方向、抱持更有助益的念頭，即使這些想法對你而言不太真實也無妨。透過不斷反覆揣想，不論是將它們寫下來或是大聲念出來都可以，你將發現這樣的正向思考會愈來愈可信。

#29 破除認知扭曲之二：個人化、以偏概全

爲什麼有效

上一個刻意練習我們談到認知扭曲，那種感覺就像是你戴著3D眼鏡看電影一樣，當大卡車或是壞蛋接近你時，會覺得栩栩如生，很有臨場感。但是拿下眼鏡後，就會知道這只不過是一堆影像罷了。

我們的大腦每天大約會浮現五萬至七萬個想法，其中絕大部分的想法都是有偏差或對你毫無助益的。若要解決這個問題，就要集中在會使我們感到振奮的念頭上，並遠離會讓我們感到威脅的想法。

接著，來談談「個人化」（personalization）。意思是當我們看見某位同事翻白眼，或是聽到別人的批評，就覺得對方是在針對自己。我們這樣想也許是對的，但也可能是陷入了對號入座的腦內妄想之中，認為不論別人說什

麼或做什麼都是在針對自己。

當我們產生這種想法時，會感覺自己所有的想法都完全合理：我們就是搞砸晚餐聚會的罪魁禍首，就是女兒超過門禁時間還不想回家的最大原因。儘管我們把自己當成特定結果的要因，或是破壞他人行為與心情的兇手，但很可能這些事其實與我們無關，也可能根本不是任何人的錯。

再來聊聊「以偏概全」（Overgeneralization）。當我們把一個獨立事件與所有未來可能發生的事全都聯想在一起時，便產生以偏概全的想法。舉例來說，助理的工作表現不如預期，我們就很可能因此認為所有的助理工作表現都會不好；又或是如果我們曾在參加戶外音樂會時覺得很無趣，可能就會認為所有的戶外音樂會都很乏味。

基於一次的經驗或處境，而認定未來所有類似的經驗或處境都會有一樣的結果，這是很自然的，但這樣先入為主的想法，會讓我們劃地自限，限縮我們未來體驗事物的可能性。

實行步驟

1.了解自己的想法並非真實。

能這樣自我坦誠並不容易，因為我們的想法正是由自己而生，而且是經過大腦所分析組織過的產物，自我質疑可能會讓自己感到迷惘且缺乏自信。

2.好好觀察，並仔細思維。

觀察你的念頭，對自己的想法絕不可以深信不疑，一定再仔細推敲琢磨一番。

3.選擇對你有益的想法。

試著不要把自己放進別人的行為之中。例如：當服務生送餐板著一張臉的時候，不要先入為主地覺得他討厭你，覺得你是奧客，很可能是因為他今天心情不好或是累了。

#30 破除認知扭曲之三：應該和必須、二分法思考

爲什麼有效

當我們抱持「應該和必須」、「二分法思考」的認知扭曲時，就會有「只有這件事重要，其他事就得過且過」的心態。以下就來談談這兩種認知的作用和影響。

我們常常有很多「應該和必須」的想法，像是：「我念書時都應該要專注才對」、「我應該連一顆萬聖節糖果都不能吃」，或是「我必須要更開心才行」。所以每當期許（大多也都是些不切實際的想法）落空時，就會感到挫折、罪惡，甚至覺得自己很沒用。

與其用「應該和必須」的思考法自我設限，不如透過留意與質疑這些自我施加的成見與規範，藉此減輕壓力並提升成功的機會。

另外，「二分法思考」是指「假如我們能持續遵行健康飲食計畫，就很了不起；若無法堅持下去，我們就是遜咖」這類的想法。當我們抱著非黑即白的認知扭曲行事，雖然並非是真的犯罪，卻仍然會因為「犯錯」而判定自己「有罪」。我們總是認為事情不是大好就是大壞，而且很容易貼上正面或負面標籤、贏家或輸家、完美或一無是處。

事實上，這世界並非所有事情都可以切割得那麼絕對而清楚。下次當你認為只有兩種選擇時，務必提醒自己在黑與白之間，依然還有灰色地帶，千萬不要簡化我們的思考，落入二分法的陷阱中。

實行步驟

1. 檢視自己認為「應該和必須」的次數有多頻繁。

盡量在（特別是）客觀的情況下自我觀察，例如：你在單純表達事實時，會不會心中也想著：「我對目前的工作應該要更得心應手才對。」

2.判斷這種想法是否對你有益。

看看你能否用其他字眼來代替「**應該和必須**」。例如：「我想……」、「我願意……」、「如果……一定很棒」、「要是……就好了」，以及「如果可以……的話，很好；如果不行，那我晚點再處理也可以。」

3.事情沒有絕對，試著發現灰色地帶。

如果發現自己陷入「二分法思考」的思維，像是：對／錯、好／壞、絕對要／絕對不、答應／拒絕的時候，就試著開始尋找緩衝的灰色地帶吧。藉由解開束縛自己的想法，便能紓解壓力並擁抱無限的可能性。

#31 放下身段，把失敗視為學習

爲什麼有效

在我們只有六到八個月大、剛開始學爬行時，大多不會注意比我們小三個星期，卻已經在地板溜得跟爬行大師一樣的小孩的身上，並且皺起稀疏的眉毛心想：「我今天一定要爬得比這小鬼還快。」然而，在社交媒體橫行的時代，每個人都急著要增加追隨者、發表公開言論和衝按讚數，而使我們覺得需要隨時當個贏家，要過得多采多姿，也要比別人表現更好。

卡蘿．德威克在《心態致勝》一書中，描述了一群必須解決難題，卻又一再失敗的孩子。儘管孩子們徒勞無功，但他們仍然感到興奮與鼓舞。有位十歲大的男孩大聲說道：「我喜歡挑戰！」；另一個小孩則說：「我希望這次失敗的經驗能提供更多有用的資訊！」

德威克著實感到困惑，很納悶他們有哪裡不對勁。這種想法是「面對失敗」還是「否認失敗」？接著她突然想通了，當孩子們遇上自己不了解的問題時，他們並不覺得自己失敗，而認為自己是在學習。

有些人說我們可以從孩童身上學到很多東西。如果我們能抱持像孩子一樣的想法，就不會認為無法解決問題就代表「失敗」，而會視之為獲得更多資訊、培養彈性、帶來啟發，並且學習的機會。

當我們把自尊心擺第一，並以定型心態處事時，那麼發揮意志力的情況，就會變成攸關成敗的決勝點，結果好的壞的也會論定我們有什麼特長或天賦。不過，當我們轉變為成長心態時，在過程中就能享受進步與學習。我們能坦然面對每次的成功與失敗，將失敗視為學習經驗的能力，並在過程中懂得調整方向與獲得成長。

換言之，釐清哪些做法有效、哪些無效、哪些有助於我們避開誘惑或達成任務，確實相當重要！但若是把結果與自身能力畫上等號，透過結果來證實或否定內在的特質，只會讓我們在朝目標邁進的路上摔慘，別說要向前跳躍或爬行了，甚至連一公分都無法前進！

實行步驟

1. 記得成長心態與定型心態的影響。

如果你發現自己誤入「定型心態」時，先思考一下，假設換成成長心態，對於這番誘惑、挫敗或類似困境會帶來什麼反應。從中得知抱持成長心態才是能真正幫助自己。

2. 當作一場考驗。

挫折是學習經驗的好機會。如果你在摔倒第七次後，決定就趴在地上，那麼將永遠無法得知自己是否會在第八次成功。考驗可以讓你知道絆倒你的事物是什麼，然後再不斷地爬起來繼續挑戰。

3.失敗時別頹喪，要保有好奇心。

無論你戰勝或是屈服於誘惑，都要問自己「成功」或「失敗」的原因究竟是什麼。

#32 擁抱失敗

爲什麼有效

在你嘗試新事物時遭遇錯誤與失敗相當正常，但別把這些絆腳石當成壞事、錯事、無法接受的事，或是作為打退堂鼓的理由，你應該為它們歡呼！雖然是有些奇怪的概念，但抱持著這種心態卻是很有幫助的。

現代正向心理學運動之父馬丁・賽里格曼（Martin Seligman）表示，「我們未來的成功並非取決於我們是否失敗，而是我們如何詮釋失敗。」真正的挑戰，是我們對於挫折的心態，會選擇以什麼樣的態度來面對，這將會決定結果的好壞。與其把失敗視為我們不夠好的證明，何不把它當成我們正努力嘗試的指標？為何不對我們無視結果而大膽邁進的腳步喝采呢？即使結果是失敗，這都表示我們正在朝著目標前進。

實行步驟

以樂觀正面的態度來看待、接受失敗。

一時的失敗並非表示永遠都無法成功，記得你的成長心態。別用你以往的認知來判斷自己是否成功，而是把成功重新定義為「在行動中願意付出的努力」，例如：「雖然我很累，但還是選擇走樓梯而非搭電梯。」

記住，讓動力來牽引行動！前進的動力可能遠比結果更輝煌。

＃33 停止負面預測

爲什麼有效

在展開一項新計畫前，你會想先用魔法水晶球來預測結果嗎？如果你發現自己內心老是猜測會有不好的結果，你也許已經陷入負面預測的認知扭曲裡，也就是我們會在缺少事實佐證的情況下，直接預測未來的負面結果，完全沒有考慮事情可能並非自己想像的那麼糟（參閱練習＃28至＃30），例如：你覺得明天考試出的題目一定都是自己不會做的。

我們的大腦會產生這種有趣的思維模式，是因為它覺得這樣做是在保護我們，藉由判斷每個可能的負面結果，好讓我們永遠不會感到失望或措手不及。然而，這反而會導致當下產生多餘的壓力，以至於阻礙我們養成意志力習慣。

「看清現實，從中釐清現實」，這不是種心靈上的自我安慰，而是實際解決問題的方法。找出不再負面預測，並活在當下的方法，能使我們不再浪費時間去試圖控制無法掌握的未來。

實行步驟

1.了解擔憂是一種阻力，而非助力。

當內心產生擔憂時，看似是產生「負面」的事物，但對於思維或行為而言，或許能帶來某些正面的收穫（參閱練習#19），因為這會讓我們對成功的期望減至最低，以避免失望。所以擔憂的本質可說是阻礙成功的絆腳石。

2.知道毫無緣由的臆測，只會帶來負面影響。

負面預測會對我們帶來負面影響。老是預測自己「不會成功」，久而久之，便會自我應驗「失敗」的預言，應該要趕緊停止。

3. 改變想法。

學習用其他的思考方式來取代焦慮、擔憂。例如：問問自己，該如何轉念才能讓自己減壓？對你有幫助的想法是什麼？不會強迫你達成目標，卻又能鼓勵你採取行動的具體做法是什麼？

#34 戒除「害怕成功」的心態

爲什麼有效

瑪莉安・威廉森（Marianne Williamson）在《愛的奇蹟課程》（*A Return to Love*）一書中寫道：「我們最深刻的恐懼並非自己有所不足，而是自己變得無比強大。最使我們驚愕的，不是我們的黑暗，而是我們的光彩。」

想像一下永遠不用擔心自己不夠好、會失敗，或是我們可能會打退堂鼓；永遠不擔心缺乏自信、智慧，或是與生俱來的成功能力，會是什麼情況。

我們應該都體驗過努力追求目標時的緊張不安，但假如這種感覺並非是因為我們擔心自己會失敗，而恰好是完全相反的情況呢？假如我們內心深處的擔憂是因為自己的才華、光彩、天賦、強項等這些與生俱來的能力，反倒無法為我們帶來助益時，結果會是如何？

假如我們在自己眼中是個始終無法發揮潛力的人、變得健康、獲得穩定的感情或是賺更多錢的人，卻因此而成功達成這些目標的話，會發生什麼事？我們還會討人喜愛嗎？

這些問題看似莫名其妙，但如果能仔細思考一下，便覺得這些懷疑確實很合理。因為我們過去總是扮演合群與服從而受到喜愛的人，如果後來變得更常表達自己真正的感受，將無可避免地多少會影響我們的人際關係。如果我們從不覺得自己能有穩定的收入，在開始賺錢獲利之後，又一直籠罩在長久以來對財務不安的感受之下，這樣還能賺得到錢嗎？

如果我們對成功的渴望非常強烈，卻又下意識地對成功感到懼怕，那麼即便我們向前邁開大步，這種潛意識的負面信念也會拖垮我們。

我們也許會潛意識地拒絕迎接正面的挑戰，只求讓自己安逸地保持現狀，從而繼續置身於我們熟悉的事物之中。

不過，讓我們勇敢改變，好嗎？因為只要我們想要跳舞，就能步出曼妙舞姿，看見比以往更美好的世界。

實行步驟

1.與其害怕失去，不如期待收穫。

想像在善用你的資源與努力，獲得成功後能帶給你什麼？你將有更多時間、更多能量、更加富饒、更加自由、更多自我信任，以及更多滿足。

2.判斷你所做的決策是出於恐懼或是興奮。

出於恐懼的決策就是因為擔憂（例如：覺得必須如此）所下的決定；出於興奮的決策則是因為感到渴望（例如：自己想要）所下的決定。

#35 正面思考，讓自己更快樂也更成功

爲什麼有效

老羅斯福（Theodore Roosevelt）總統曾說：「相信自己辦得到，你就已經成功一半。」這是非常激勵人心的想法！

假如「單純相信」就能讓我們與目標的距離縮短一半，那只要選擇相信成功的可能性，便只需要花一半的時間，即可達成目標。那麼，現在先要做的就是練習相信自己一定可以成功。

雖然沒有任何官方數據能顯示，「相信自己能成功」真的可以使我們與目標的距離縮短一半，但是卻有無數證據指出，擁有正向心態，再加上相信自己，能讓我們走得更遠。

現代正向心理學運動之父馬丁・賽里格曼（Martin Seligman）在《哈佛

商業評論》雜誌中寫道：「在不輕言放棄的人眼中，失敗只是暫時的、狹隘的，也是可以改變的。」他們在遭遇困境時會對自己說「我可以克服的」，而不是「算了，我放棄」。

舉美國陸軍為例，他們對教官實施強化韌性的訓練課程中，要求把樂觀放在第一順位。這項訓練的主要前提，在於心理強度源自於如同樂觀主義者的思考模式。沒錯，就是把「硬著頭皮」換成「思考愉快的想法」。課程中，教官們反映自己對失敗的想法，並留意是否自覺對結果無能為力，認為大勢已去，不可挽回；又或者覺得這只是暫時失敗，但還能繼續前進，最後終將成功。

雖說我們要保持樂觀，但你不必永遠保持開心，而是要將自己的快樂擺在第一順位，從而達成目標，並且覺得人生是很美好、是很酷的。

實行步驟

1. 改掉小題大作的壞毛病。

我們很容易為枝微末節的小事而煩惱，覺得當下的感受是理所當然的。不過，你可以改變一下想法，盡可能把小事拋在腦後，把時間與精力留給真正重要的事物上。

2. 留意美好的事物。

當你聽到十句讚美與一句批評，會比較容易記得哪一個？想必是批判你的那一句話吧！我們的大腦總是傾向專注在負面事物上。

成熟的正面思考，是你懂得如何處理負面的情緒。察覺自己何時會把事物貼上「不好」的標籤，或是更關注負面事物。所以，從現在開始，多用點心試圖聚焦在正面及美好的事物上吧！

#36 提升自我洞察力

為什麼有效

你知道嗎？我們有百分之五十的時間處於自動導航模式，這意味著我們的心思有百分之五十的時間都不在手邊正在進行的工作上。換句話說，當我們在商店買東西、聽姐妹聊同事的事或是洗碗時，百分之五十的時間其實是在思考客戶的回覆、思考晚餐要吃什麼，或試著回想我們最愛看的電視節目上有哪些有趣的笑話。如果我們真正用心的時間只佔了一半，那麼也就不難理解另外一半的時間會默默用在自己原本的習慣上，像是突然暴怒或吃下布朗尼。雖然我們人在這裡，但假如心思卻不在當下，就可能會衝動行事，做出讓自己後悔的決定。

那我們要如何提升自我意識、做出更周全、更有建設性、更合乎現況，又能反映長遠目標的抉擇？關鍵在於增加自我洞察力。透過聚焦於內在的變化，也就是《EQ》一書作者丹尼爾．高曼（Daniel Goleman）所定義的「我們的內在狀態、喜好、資源與直覺」，就能依據自身處境做出更理想的抉擇。當我們愈能與自身的誘惑、衝動、傾向與反應接軌，就愈能主動創造出正面的改變。

除了做出更好的抉擇以外，假如我們經歷自我耗損時，自我意識能發揮「強化道具」的作用，就如同電玩遊戲馬力歐裡的超級磨菇或是小精靈裡的無敵藥丸，又或者像是強心劑一樣，幫助我們即便已經把意志力花在另一項工作上時，仍然能維持自制力。

我們對於自身思維、感受與行為的控制力遠超過我們所了解的程度。如果你常對生活中所發生的大部分事情都照單全收的話，先練習觀察你的想法，別一頭栽進去。換言之，不要完全相信你所認為的一切！

實行步驟

1. 善用自我洞察力。

留意自己在相似處境中，都會產生哪些想法或做出哪些行為。

2. 對自己的行為或想法感到好奇。

問自己：「我為什麼有這種行為或想法？」但不要批判自己，只要單純對此產生好奇心就好。

3. 別急著做決定。

仔細思考「這個行為或想法真的對我有幫助嗎？」即便似乎已經沒有其他選擇，但還是試著尋找是否有其他更好的選項。

第六章

用對方法，就不怕沒動力

#37 慢慢來，事情才會進展更快

爲什麼有效

當你想達成目標時，應該不會在心裡想著：「我真希望可以持續挑戰難題，並且讓自己學習如何抗拒誘惑。拜託！能再拖久一點嗎？」大多數人一定會期待：「請帶我找到最快成功的捷徑吧，謝謝！」

然而，我們與實現願望之間總是有段距離，也常會對事實感到失望。我們偶然發現的權宜之計，往往正是自己想要擺脫的習性：「等等，你是想說我沒辦法在一個星期內戒菸？天哪，我現在得馬上抽根菸來壓壓驚！」

太想成功，過度小心翼翼反而更容易失敗！好高鶩遠，往往只會導致半途而廢。進步不是硬逼出來的，而是在循序漸進引導下的慢慢突破。

不論是養成好習慣或是戒除壞習慣，都要由較小的訓練強度開始，逐步調整或修正自己的行為，並接納自己。畢竟人不一定能永遠嚴守規定，有時也會想要偷懶。

雖然成果並非一蹴可幾，然而我們每次的嘗試都是在強化自己的意志力強度，並從中學習如何為目標安排優先順序。哪怕每天只是努力一點點，也能讓我們得到及時的反饋與激勵，進而獲得堅持下去的信心。

實行步驟

1. 找到能持續且確實可行的方法。

你要怎麼做，才能吃掉一頭大象？答案是：一次咬一口。

當我們談到目標和實踐中庸之道時，應該就能朝著確實且可持續進行的方向前進。

舉例而言，與其宣誓「我再也不會花費超支」，不如慢慢地嘗試約束與控管你的花費，而非追求改變要一次到位，例如：將逛街的次數從一周數次，改為一周一次，甚至是一個月一次；把一次購買許多商品的浪費習性，改為一次只買一件，並且事先列出購物清單，讓自己知道哪些是真正該買的物品。

假使你能確實做到這樣的自我節制，就可以試著犒賞自己一下：「如果我從周一到周四都沒去購物，就能約朋友去喝杯咖啡。」（參閱練習#15）

2. 專注過程。

為了提升你成功的可能性，把過程變得比實際目標更有趣也很重要（參閱練習#2）。

#38 用「如果……那就……」造句法強化決心

爲什麼有效

我的客戶瑪莉亞非常享受單獨上健身房的時光。事實上，無論是在做運動、閱讀或思考，如果她能有充足的時間與自己獨處，心裡會覺得非常充實而自在。

然而，瑪莉亞注意到她最近根本沒有獨處時間。因為她的家人與朋友常邀她一起出門，或者老闆總是要她完成非常急迫的任務，而她通常都會對他們的要求照單全收，這使她陷入心理拉鋸戰之中。一方面，瑪莉亞很開心能與親友共度美好時光，和受到上司重視，但另一方面，卻也因為無法滿足自身需要獨處或休息的需求，而感到無比沮喪。

瑪莉亞起初認為與朋友保持互動就跟運動一樣重要。但是她最終意識到，假如沒有運動健身，讓身體維持在健康狀態，她就無法享受與朋友共處的時光，因為身心呈現疲累的狀態時，讓她覺得痛苦不堪。

為了幫助瑪利亞解決問題，我們一起努力找出她最重視的事情，並且判斷哪種狀況值得優先考量。她想衡量單獨享受健身時光和為好友慶生這兩件事，我們便採用「如果……那就……」造句法，好讓她更容易做出自己的選擇，或是了解該如何處理兩者之間的矛盾。

舉例而言：「『如果』她要為好友慶祝生日，『那就』要犧牲自己的時間。」如此她便明白，獨處的需求對她而言，會比去參加好友的生日聚會更重要。

「如果……那就……」造句法看似簡單，但其實很有效，因為它們能幫助你決定該如何處理衝動、誘惑和相互矛盾的需求，好讓你不會在當下陷入抉擇的難關。事實上，根據超過兩百項研究指出，「如果……那就……」造句法能使目標達成率與生產力平均提高二〇〇%至三〇〇%。

實行步驟

1. 預先設想會遇到的阻礙。

思考並試著寫下任何未來可能遭遇的衝突或困擾，例如：在你應該清理廚房時接到朋友的午餐邀約，或是在戒酒時別人突然請喝你一杯酒精飲料。

2. 實行「如果……那就……」造句法，找到克服的方法。

將衝突或困擾與可行的解決方法，一起套入「如果……那就……」的句子裡。例如：如果有人邀我在星期日共進午餐，那就在赴約前把廚房打掃乾淨好才能出門；如果有人請我喝杯酒，那就請他換成健怡可樂。

事先擬定好解決方法，就能成功鞏固意志力。

#39 斷開決策疲勞

爲什麼有效

你知道我們每天都會做出許多細微又不需多加思索的選擇嗎？要穿藍色的鈕扣領還是法蘭絨襯衫？先帶小孩去日托再去喝咖啡，還是反過來？代糖要加三包還是兩包？這件事要立刻做還是等一下再做？這東西是要還是不要？當我們把用來決策的時間加起來，包括列出正反意見、權衡各種選項等，所有看似微不足道的思慮過程，實際上都會消耗我們的精力。

這種情況，在心理學上稱為「決策疲勞」。許多時候就是因為決策疲勞，讓你容易妥協自己原本該堅持的事。比方說：應該堅持不給孩子亂買玩具，卻對孩子說出：「好，就買玩具給你吧！」或是在你試圖克制自己不要開媳婦糟糕廚藝的玩笑話時，卻不小心脫口吐她槽。

當你花太多時間做決定時，就會發生決策疲勞的現象，所以一天下來，你的決策品質便會逐漸受到負面影響。這狀況並不是說一定只會在晚上發生，但確實會發生在一長串連續決策的尾聲。

還有，在面對意外狀況時，千萬不能隨意應付，而是應該盡可能冷靜地做出判斷，避免做出錯誤決定。

實行步驟

1. 提前做決定。

美國記者約翰．提爾尼（John Tierney）在《紐約時報》中寫道：「自制力高的人，總是能藉由規畫自己的生活來保留意志力。」由此可知，原來意志力是可以「節約使用」的！這真是好消息。

為了實現良好的自制成效，重點不在於「擁有意志力」，而在於「能妥善安排行程的能力」，並且能付諸實行。這樣做的好處是，假如我們專注於為了實現成就，而規畫日常行程，並且依排程行事，我們就不需要消耗內在的意志力來決定要做或不要做什麼，只需要確認行事曆就夠了。

除了填寫你的行事曆並提前做出決定之外，同時也要對突發狀況做好心理準備。建議可運用在練習#38所學到的「如果……那就……」造句法。

2.適度休息，讓自己喘口氣。

別忘了在做事之餘，也要排定休息時間，或假如你需要臨時休息一下，就想想做些什麼活動能使自己放鬆或補充能量。你要散步或是冥想嗎？透過在例行公事中安排適度的休息，就能幫助大腦重置心理空間，並能優化之後的專注力與判斷力。

#40 轉換工作內容，激發無限創意

爲什麼有效

在練習#14我們明白了分心和在不同工作間轉換的缺點，不過別擔心，如果你真的很容易分心，或許從另一個角度來看，表示你有十分活躍的創意力。

根據二〇一七年哥倫比亞商學院研究員在某篇文章中提到了「工作轉換」，特別是指在兩種具有創意性工作之間的轉換（例如：在設計公司標誌和織圍巾之間轉換），其實能減少認知固著並激發創造力。當你放下原本的工作並投入另一個不一樣的工作時，就是推動你的大腦激盪出新鮮、有創意的點子，不至於原地踏步、停滯不前。因此，轉換不同類型工作，也能創造讓心情與大腦休息的效果。

你可能會懷疑到底應該堅持先完成一項工作以獲得理想表現，還是在不同工作之間轉換，以提升創造力，哪一種選擇比較好？

然而，這並沒有正確答案，只能靠你自己選擇！或許你可以在需要創造力時，就轉換不同的工作內容；當想達到理想表現時，就繼續堅持完成原本的工作。所以兩種方法你都可以試試。無論是何者，相信對你都能有所助益。

實行步驟

清楚了解自己何時該轉換工作，以提升創造力。

特別是需要投入創意的工作時，通常會在一段時間後感到停滯或缺乏靈感。因此，當你發現或預見可能無法突破瓶頸時，就不需要繼續原地踏步。即使你還沒完成當下的工作，但如果陷入撞牆期，那就先做不同的工作，之後再帶著全新視野回到原本的工作上就好了。

#41 發現內在動力

爲什麼有效

想像一下，某一天我們突然發現，原本以為打造百萬企業是件很酷、可以獲得成就感的事，但實際上以非營利方式分享知識，藉此創造自身的價值，並與他人建立聯繫這件事，才真正能使我們感到滿足。為什麼會有這樣的落差呢？

一般而言，像是升官、坐上管理職大位或是享受夢幻假期這類外在目標可能相當誘人。倘若我們在邁向這些誘人目標的同時，發現自己缺少動力或是感到無法滿足，心中就會產生困惑、懷疑或不滿。這種脫節感與我們實際的欲望或自信無關，而是與能否理解自己真正的價值動力、需求有關。

這時，藉由發掘對你而言最重要的內在動力和價值，例如：連結感、和平、自由、樂趣、成就感、名望、家庭等，你就能更容易分辨並追求確實能讓你感到滿足的事物。而且當我們將精力投入在最能激發動力的事物上，那熱情、興奮和向前邁進的動量都會隨之而來。

實行步驟

1. 找出五項對你來說最重要的內在動力。

這個練習沒有所謂正確答案，因為每個人的選擇都是獨一無二的。最能激勵你的內在動力因子可能跟你朋友與家人最熱衷的事物完全不同，即便如此也完全沒問題！最重要的是，你的答案要能引起自己的共鳴。

1. 富足	11. 領導力
2. 接納	12. 忠誠
3. 成就	13. 積極
4. 奉獻	14. 熱情
5. 好奇	15. 專業精神
6. 家庭	16. 責任感
7. 自由	17. 穩定
8. 樂趣	18. 可靠
9. 健康	19. 寬容
10. 幽默	20. 溫暖

2. 在邁向目標的過程中，試著導入這些內在動力，以增加行動力。

例如：你該如何在家中感到更加輕鬆自在，或是如何在公司建立更緊密的人際關係。

3.面臨抉擇時，記得優先考量動力因子。

你可以將它們寫下來並釘在你的布告欄上，或是設定成手機背景，之後當遇到抉擇卻左右為難，無法下決定時，就知道該如何挑選對你而言最重要的事物了。

#42 試驗外在動力

爲什麼有效

在前一個練習中，我們探索了內在動力因子。假如滿足感和熱情追求夢想需要內在價值來激發動力，那像是達成收入目標，或是找一天享受水療這樣的外在動力，難道對意志力就毫無助益嗎？

我想答案應該視情況而定。並非所有外在動力因子都一樣重要，而且每個人也都各有不同。舉例來說，讚美與賞識是相當有效的外在動力因子，甚至遠勝過金錢！在《胡蘿蔔比棍子好用》一書中，作者高斯蒂（Adrian Gostick）與艾爾頓（Chester Elton）發現當組織認同員工的優秀表現時，所產生的獲利將會達三倍之高。

所以當我們飯後忍著不哈根菸時，閨密可以跟我們擊個掌表示慶賀，或者我們該告訴老闆，在每季考核表上貼張微笑貼紙可以振奮人心，又或者是如果我們連續七天不咬指甲，就可以做一次手部護理，或是只要一個月不吃紅肉，下個月就能享用一頓牛排晚餐，給自己犒賞。

實行步驟

決定自我獎勵的方式，並觀察這樣做能否對你造成影響。

嘗試幾種能吸引你的點子，像是當你達成目標時，就把錢轉進你預計用來度假的帳戶裡，或去做一次高檔SPA按摩來犒賞自己。

你可以測試哪種獎勵對你的效果最好。如果你發現某項自我獎賞能幫助你持續前進，或是你都能成功獲得獎勵，那就持續下去吧！

#43 找到你的心流，提升工作效率

爲什麼有效

要完成目標，並沒有速成的方法。但這邊告訴你一個神祕的祕訣，能讓你極度專注與投入，甚至連最困難的任務，毫不費力就可完成。那就是：找到你的「心流」！

你一定體會過時光飛逝的感受，當你著手投入某件事，不論是粉刷客廳的牆壁或練習吉他，回過神來發現已經晚上六點了，而且你根本忘記要吃午餐，手機也不知道放哪去了。這時除了飢餓產生的胃痛和漏接的電話以外，你感覺棒極了，而且超有成就感。會有這種現象，是因為你進入了心流狀態！

心流是種愉快、輕鬆自如、置身仙境的感受。實際情況大概是白天在彈指之間已然變成夜幕低垂，你花費了一整天或是一大段時間，全神貫注並沉浸在你手邊的工作中，卻不自知的美好感覺。

就科學層面而言，心流指的是不費力的集中與享受，根據二〇一〇年發表於《情感》期刊上的研究，心流是透過「正面影響與高度專心之間的互動」而產生的狀態。這種近乎神祕的心理狀態，有時也被譽為是「最理想的體驗」，一旦我們經歷過，便很容易理解這個意思。

處於心流狀態時，原本需要付出努力的工作將會變得輕鬆，原本可能是不情願或受限的活動也令人感到輕鬆自在，更不用說處在心流下的我們，同時正是處於最佳狀態，也能發揮最佳表現。

該研究發現，當專業鋼琴演奏家帶來超完美演出時，通常都處於心流狀態。意味著我們若想發揮極致表現，就需要完全沉浸於心流之中。

實行步驟

1. 找到發自內在的動力。

心理學家米哈里．契克森米哈伊在〈心流的概念〉（The Concept of Flow）一文中表示：心流狀態是「最強大的內在動力」，這句話便解釋在心流之中，「一個人會失去自覺意識，完全順從當下時刻，因此時間便沒有任何意義。」另外，處於心流狀態時，「個體會以最佳效能來運作」。

為了激發動力，先與你的內在動力（參閱練習#41）建立連結，接著由內而外進入心流吧！

2. 和夥伴一起投入。

二〇〇八年有三篇關於心流的研究發現，團體心流的效果更勝過個人心流。與其獨自一人進入心流，跟朋友一起進入心流的愉悅、滿足與享受程度更高。試著和朋友或工作夥伴一起，投入心流境界吧！

3.確保目標具有挑戰性。

想要進入心流狀態，目標必須要有一定程度的挑戰性，但又不能太過困難。找到能符合這項條件的目標後，就看你如何能置身在幻境之中，享受心流了。

專欄

心流，是最高級的快樂

「心流」是指當你全心全意做一件事，或是從事自己喜歡的工作時，可以完全沉浸在過程中，內心感到非常愉悅，不知不覺時間就過去了的一種狀態。如果你經常進入這樣的心流狀態，便會感覺無論是創造力還是幸福度都會很高，也能更加體會到自我的價值。

心理學家米哈里・契克森米哈伊列出幾項客觀標準，用以評估你是否處於心流狀態，或完全沉浸於當下與手邊的活動之中。其中包括下列體驗的感受：

1. 在當下完全專注。
2. 行爲與意識相互融合。
3. 渾然忘我。
4. 掌握後續發展狀況，並且可以控制自身行爲與妥善應對。

5.感覺時光飛逝。
6.能獲得回饋，使達成目標成爲享受過程的理由。

#44 一日巔峰在於晨！

爲什麼有效

想像一下。星期一早上，你來到公司坐在辦公桌前，接著馬上埋首處理經費報告，並準備已經遲交的提案。你先把未來半年的工作都安排妥當，然後才喝下早上第一杯咖啡。你平常的工作形態也是這樣嗎？還是會在進入工作模式前，先看一集《陰陽魔界》（*The Twilight Zone*）影集？

對我們多數人而言，一早進辦公室後，大概都是會先回覆電子郵件、瀏覽網路新聞、滑滑 Instagram，接著才開始進行比較有挑戰性的工作，而在這之前還要先喝杯咖啡。

不過，根據杜克大學心理學家艾瑞里（Dan Ariely）表示，精神能量，也就是「腦力」，會在我們醒來的兩到四小時內達到顛峰狀態，其他專家也肯定我們在早上的自制力最強。

所以，假如你一直感到無精打采，或是缺乏完成工作的動力，時間點可能就是關鍵的問題所在。因此，改變做事的先後順序和時間點，便能有效提升工作的動力。

實行步驟

1. 前一晚預先思考明天的工作計畫。

選一兩項最需要具有活力或創意的工作，接著決定完成各項工作所需的時間。隔天再依表操課（參閱練習#45）。

2. 在工作前先營造可專注的環境。

你可以先提醒可能前來拜訪或打擾的人，避免在八點到十一點之間來找你，即便來找你，你也沒空搭理，或是把電話轉成靜音，等晚一點再確認電子郵件等（參閱練習#13）。

3.將干擾減至最低，以提升專注工作與生產力。

我們比自己想像的更有能力掌控周遭環境，試著發揮你的創意吧！

#45 預留時段的時間高效管理術

爲什麼有效

當我們有堆積如山的事情需要處理時，雖然可以選擇每件事情多少都做一點，獲得一些進展，只是這樣的做法也會使後續未完成的待辦事項愈堆愈多。近幾年頗流行的預留時段（time blocking）的時間管理技巧，可以有效減少執行計畫時所帶來的壓力。

預留時段是將每一天分成幾個區塊（也就是「時間盒／箱」或「時間區塊」），然後為每個區塊分配任務，並在指定時間內完成該工作。也就是說，每一項任務都有適合去做的時間盒，在那段時間裡，你只能做一件事情，不能被任何其他事情打斷。例如：我從十二點到一點要寫作，在一點到兩點間要吃飯，從兩點到兩點十五分要靜坐片刻。像這樣，在你分配好的時間內，只專注於你想完成的工作。

這個方法可以有效提升專注力，同時讓自己明白，當下有哪些任務在手，又有哪些特別緊急，需要立即完成，這樣可以減低同時處理多樣工作時手忙腳亂的機會。除此之外，預留時段更能幫助我們停止一心多用、治好拖延病並且邁向成功。

實行步驟

擬定待辦事項清單，並在排程表上為每項工作設定時間盒。

參考#49「艾森豪矩陣」欄位，幫助你決定完成較困難或高優先工作，和較容易或低優先工作的最佳時間。

把工作標在月曆或行事曆上，讓你知道何時該做什麼事。而且即使是討厭的麻煩事（例如：回覆難纏客戶的電子郵件、和老闆開會等），都會有自己的時間盒，而且只能被限制在那些盒子裡面，當下只要處理那件事就好。

如果你在設定的期限內來不及完成工作，下次就根據這次時間不夠用的經驗，重新安排並調整計畫。

#46 加入社群，找到前進的動力

爲什麼有效

在接近本書截稿日的時候，我想到「最好實行閉關來加快寫稿的速度！」然而，在閉關的過程中，我雖然全力以赴認真寫稿，卻遇到一個小問題：我有時會覺得孤獨又缺乏靈感，這對於要激盪出活潑又有創意的文字工作者而言，並不是個好方法。

我們都知道，如果想激發自己的動力，只要跟其他動力十足的人在一起就有成效。但其中有個玄機，那就是並不是任何人都可以幫得上忙；對方必須是我們可信賴、是內心真正具有動力的人（參閱練習#47）。我們要能感受到他們是出於熱情堅持不懈，而不是為了彩虹盡頭的那桶金子。

二〇一〇年有項研究探討社會傳染力的效用，根據報告指出，學生對於特定活動的內在動力，會受到教師所表現出來的內在動力而影響。

換言之，如果我坐在你旁邊，而我認為你的動力是發自內心，那我也會因此獲得滿滿的衝勁。再者，假如我身旁充滿動力十足、好奇又熱衷參與事務的人，這個環境就會大大轉變，讓我積極投入工作，活力旺盛地創造豐碩的事業成果。

實行步驟

想想你有認識哪些富有熱忱之人。

這些人會不斷參與各項計畫或進行各種事務。請他們帶領你加入團體、俱樂部、讀書會或線上集會，藉此結識具有共同目標的夥伴。或是你可以加入共享工作空間，這也是個不錯的選擇。

#47 近朱者赤，結交益友

爲什麼有效

企業家、作家暨勵志演說家吉姆・羅恩（Jim Rohn）曾說過，把我們最常相處的五個人的性格相加後的平均，就是我們的模樣。如果你的時間多半花在公司與家庭中，你的性格就會成為主管、助理、配偶、岳母（婆婆）與兩歲小孩這五者的綜合。

假如我們把大部分的時間拿來追《卡戴珊一家》（Kardashians）實境秀，那影響我們的五個人就會是金（Kim）、寇特妮（Kourtney）、科勒（Khloe）、坎達爾（Kendall）與凱莉（Kylie）。

我們最常相處的人分別佔據我們部分性格和行為的百分之二十，雖然這個數據並不完全準確，但確實有研究顯示我們會反映出他人的行為、姿態、肢體語言與喜好，即使與對方相處時間甚少也一樣。而且除了單純的仿效以外，我們的「好」或「壞」習慣，也會大幅受到我們時常相處之人的影響。

如果你想要戒掉某個壞習慣，就別找那些有跟你相同壞習慣的朋友；你值得多花點時間結交的朋友，他們身上應該具備你想要養成的好習慣才對。

因此，如果你想盡快增強意志力，就要多跟重視並表現出強大自制力的人相處。對於正為了達成此目標而苦惱的人，這裡有個好消息：美國心理學協會有篇文章指出，根據二〇一三年的研究顯示，缺乏自制力的人其實可以「從其他人身上獲得自制力的線索，並藉以增加自我的掌控力」。研究員凱薩琳·席亞（Catherine Shea）表示，你確實能藉由朋友或多或少的幫助而提升一些自制力。

當你決定與同樣重視自我成長的人相處時，提升動力與強化自制力這些事也會變得很有趣。因此，多跟你欣賞的人為伍，與生活習慣符合自己要求的人交談，跟努力提升自我與他人的人交朋友。結交那些已經為你點亮前行路途的人，便能進而顯露你最光明燦爛的一面。

實行步驟

1.聆聽對方的經歷。

你的人生中至少有一兩個人具備你所讚賞的特質，他們可能有著無比的決心、意志力或正直的性格。我們花愈多時間與這些人相處，他們對我們的影響就愈大。

聆聽他們訴說自身經歷，了解他們是如何面對潛在的挑戰或是如何面對責任。記住請你保持開放與好奇的心，不必也不該墨守成規地依循他們所說的每句話，只要思考他們的行事作風有哪些值得你尊敬、效仿就好。

2.反思與學習。

想想這些你所欣賞的人是如何看待對他們的目標？你能從他們的自我期許中學到什麼？你該如何改變既有的想法或行為，好讓自己與真正想要的目標或習慣接軌？

3.寫下這些想法，讓它引導你達成目標。

在寫下自己的想法後，找出哪些人是真正能幫助你，並盡可能與他們相處。為了結交更多益友，你應該試著拓展交友圈，以建立黃金人脈。

#48 在大腦中組織你的夢幻顧問團

爲什麼有效

在建立黃金人脈後，便可與能啟發你的人相處。若可以實際和對方相處當然很理想，但如果你與對方距離遙遠，還是能在網上跟他連繫，甚至可以建構線上互助會，招攬能相互扶持，並共同堅持意志力習慣的成員。

假如你無法親自與這些人共處，依然能受益於他們所擁有的運動天賦、智慧、風格、美德等特質。當你快要抓狂或是面臨突如其來的阻礙，又無法求助於任何人時，只要想想這些人，他們在控制怒氣時會說什麼話、面對挑戰時會做什麼事、事情有變數時會採取什麼行動，一樣能幫助你度過難關和危機。

以上我說的這些情況，都是得靠你自己的想像力來完成。透過在心中招攬這些能帶來啟發的成員加入你的意志力夢幻團隊，在受挫時，你就能在瞬間擁有一群盟友，想像他們幫助你盡可能發揮自制力。

就如我稍早提過，我們的大腦無法確切分辨事實與虛幻之間的差別。這正是為什麼當我們在看浪漫愛情片時會陶醉、看恐怖片時會尖叫、看喜劇時會大笑的原因。雖然就理性層面而言，我們了解自己在看的影片並不「真實」，但我們大腦的某部分仍然相信這些劇情可能會發生在我們身上。

所以，假如我們的大腦會把虛構的情節當成事實，那為什麼不讓事實變得更夢幻一點？試著想像傑出又善於激勵人心的人來鼓勵你，並且支持你發揮最大的努力，就算只是在心裡空想也無妨。

實行步驟

1. 過濾雜訊。

免費資訊隨處可見，無論是在新聞、電視或社交媒體上，都很容易看到許多稀奇古怪的事物，不過需要仔細審視哪些人或哪些事對你毫無助益，並把注意力只放在能啟發你的事物上。

2.挑選夢幻顧問團人選。

找出五個能激勵你想更上一層樓的人物，把他們的名字寫在紙上，想像你邀請他們坐在會議室裡，將他們視為你重要的顧問。顧問團的人選可能是：《小子難纏》（*Karate Kid*）裡的宮城先生（Mr. Miyagi）、啟發獅子王辛巴（Simba）的長老拉菲奇（Rafiki），或是指導天行者路克（Luke）的尤達（Yoda）大師等。

3.尋求幫助。

把他們當成你的導師，當你遇到困境或挑戰時，靜下心來，想像這些可靠的顧問們可以提供你協助、鼓勵與支持，引導你做出對自己最有利的抉擇，帶領你度過難關。

#49 把疑問寫下來！

爲什麼有效

在實現目標的過程中遭遇瓶頸時，應該把這些困難寫下來嗎？身兼作家、企業家與勵志演說家的吉姆・羅恩（Jim Rohn）表示：「如果你真的想成為有錢、有權、幹練、健康、影響力雄厚、富有文化素養又獨特的人，那就寫日記吧。」

無論你的動機是什麼，但這裡提到的寫日記不僅只寫下「今天我暗戀的對象跟我借了鉛筆！」這類令人臉紅心跳的，而是進一步利用寫日記這件事，而獲得一些令人難以置信的效果，例如：減輕壓力、釐清想法、提升自我意識、強化解決問題能力、緩和焦慮與憂鬱、改善睡眠品質、加強正面情緒，甚至還能增加記憶力等。

寫日記的好處在於，寫作時會運用偏向理性和分析的左腦，並同時釋放偏向創意、趣味與直覺右腦，增添額外的強大效果。因此，當你有疑問時，就拿筆把它們寫下來！最理想的情況是每天花十至十五分鐘寫日記，即便只是短短的幾分鐘，就有一些效果。

要如何寫日記才能真正達到益處，日記療法中心（Center for Journal Therapy）提供了非常實用的方法「WRITE」，詳細做法請見實行步驟。

實行步驟

W：什麼事件（**What**）→你最近有什麼想法？寫下生活中發生的事。

R：回顧（**Review**）**或反省**（**Reflect**）→反省先前的情況，透過深呼吸或冥想來放鬆，並想想「W」帶給你什麼感覺？

I：探查（Investigate）→探查你的感受或想法之後，把它記錄下來。若思緒打結時，就重新恢復專注，再慢慢思考看看。

T：記時（Time yourself）。把開始動筆與預計停筆的時間寫在頁面上方，並設定鬧鐘。

E：聰明收尾（Exit smart）。重新讀過你寫下的內容，並且以短短幾句話來反思。

記得！每個步驟都要用心思考，效果更佳。

專欄

規畫事情處理順序的好工具——艾森豪矩陣

落落長的待辦清單可能令人手足無措，尤其當我們缺乏處理的計畫時更是如此，別提老闆臨時交辦一件明天要完成的重要工作會多讓人慌亂了！那麼，我們該如何紓解這種壓力並進行規畫？又該怎麼知道哪些事情要優先處理？

艾森豪矩陣（沒錯，這就是由艾森豪總統設計的）能幫助我們根據重要性與急迫性來規畫工作。重要的工作關係著目標的實現，而急迫的工作則需要立即投以注意力。

・急迫又重要的事項，擺在第一象限。
・不急迫，需要擬定計畫或練習的事項，擺在第二象限。
・急迫但不重要的事項（需要立刻投以注意力的干擾事項等），擺在第三象限。
・需耗費大量時間處理的事項，擺在第四象限。

利用左側的圖表能幫助你規畫待辦事項，精確判斷這些事項是否可以讓你更集中在完成目標上。因此，最重要的是，要聰明地把時間花在完成「第二象限」的事項上。

艾森豪矩陣

	急迫	不急迫
重要	1 ・危機 ・緊急事項 ・倍感壓力的問題 ・有期限的事項 ・迫在眉睫的準備工作	2 ・準備工作、計畫、預防措施 ・改善效能 ・建立人際關係 ・真正的休閒與放鬆
不重要	3 ・讓人分心的事項 ・一部分來電和電子郵件 ・一部分會議 ・一部分倍感壓力的事項 ・熱門活動	4 ・忙碌的工作 ・不重要的活動 ・一部分來電和電子郵件 ・想逃避的活動 ・浪費時間的事項

#50 問對的問題

爲什麼有效

假如你在下雪時穿著無袖背心與熱褲，當然會覺得冷；假如你等到星期一早上才把休旅車加滿油，當然會在晨間會議上遲到；如果我們對自己總是提出削弱自信、缺乏啟發思維的問題，當然就會沒有動力並且毫無頭緒。

然而，生活中我們卻很容易產生像「我今天的節食會成功嗎？」或是「我真的能戒菸嗎？」之類的想法。而我個人最喜歡的是：「我很遜嗎？」

這些都是封閉式問題，只會帶來陷入死胡同的答案。但我們依然會試著回答這些問題，因為這些問題最容易發問，也最容易不經思索就提出否定的答案：「你當然不會成功」、「你永遠戒不掉」、「你真是遜斃了」。

尤其是當我們感到沮喪時，腦中可能會不斷產生使心情持續低落的疑問。那我們該如何得到正面的答案？這是個好問題！

在這裡，解決方法並非要用另一個問題來回答，而是改以能賦予信心、帶來動力、發人省思的問題來鼓舞、激勵自己，並確實幫助我們找到真正的解決方案。

祕訣在於構思開放式問題。

問題：開放式問題對我們有什麼幫助？

答案：激勵我們的大腦思考可能性：提出解決方案、變通方法與新點子。

問題：封閉式問題不好嗎？

答案：對。

發現了嗎？封閉式問題根本沒有機會多做陳述！讓我們再試一次。

問題：封閉式問題跟開放式問題有什麼不同？

答案：封閉式問題只會得到封閉的答案：是或否、對或錯、好或壞，選擇受限，降低大腦思考其他答案的可能性。而提出開放式問題則是完全相反。

實行步驟

1.重新擬定問題。

如果你發現自己都在問封閉式問題，像是：「我能完成嗎？」或是「我會激怒他們嗎？」的時候，想想你能不能重新擬定問題，避免成為單純的是非題。

例如：「有什麼能讓我今天感到興奮？」、「我該如何站在他們的立場來思考？」以及「假如我知道自己有美好與成功的感受，這會對過程帶來什麼改變？」

2.盡可能留意自己是否會慣性提出會陷入困境的問題。

我們可能不自覺會提出像是：「為什麼我會問自己這些負面問題？」這類帶有譴責、抱怨等負面的問題，這很容易讓人鑽牛角尖，陷入死胡同中無法跳脫。請試著改成能激發正面思考、可真正解決問題的提問：「我該如何開始嘗試這種開放式問題？」

3.回答問題。

你可以把答案寫下來，或大聲地朗讀出來，也可以找一位輔導教練從旁協助你。經過專業訓練的教練能提出增加信心的問題，並且判斷使你陷入困境的原因在哪裡。

第七章

充實身心靈，讓自己成爲意志力發電機

#51 轉換心情，為意志力充電

爲什麼有效

難道抗拒誘惑唯一最有效的方法就是完全避開誘惑嗎？在快要經過你最愛的服飾店之前就趕緊走到對街去，或是在蛋糕推出來之前就離開派對？

研究顯示，自律的行為可能會消耗我們的精神資源。意思就是，假如我們好不容易提起勁來說服自己打掃家裡與搬重物，但如果之後發現眼前有一瓶我們「不該」打開的香檳，就可能會更難抑制開瓶的衝動。

所以，如果你想要保持意志力，我在這裡提供一個有趣的方法。在二○○七年的一項研究中，受試者在進行消耗意志力的自制行為後，研究員發現收到驚喜禮物或觀賞好笑影片的人，比只有單純休息的人更能有意志力抵抗接下來所面對的誘惑。換句話說，增強生理層面的情緒可以有效改善自制力。

因此，下次當你覺得心力耗竭、意志力快撐不下去，想跟人要根菸時，或是忍不住想刷卡買下你一分鐘前才試穿的高跟鞋時，不妨趕快打開 YouTube 影片或看一段金凱瑞（Jim Carrey）的喜劇電影，透過改善心情來迅速增強意志力。

實行步驟

製作轉換好心情清單

在清單上列出十種能讓你大笑或會心一笑的事，也許只是聽聽好笑的播客節目，或是跟朋友聊聊天這些簡單的小事。隨身攜帶這張清單，每當你覺得缺乏意志力、需要正面刺激時就能派上用場。

專欄

小紙條的威力

正向心理學專家尚恩．艾科爾與同事會讓臉書、微軟以及美國食品（USFoods）員工每天早上花兩分鐘寫下電子郵件，對自己認識的人表達感謝或讚美之意，並在二十一天之內，向二十一個人寄出這張「驚喜小紙條」。

這個行爲能得到什麼結果呢？艾科爾表示，這些人的「社交連結可以變得更加緊密」，而社交連結正是確保組織內部福祉的最大指標。而且，也可改善團隊合作。

艾科爾說：「雖然團隊的整體智商和五年來的共事經驗，也是評估內部福祉有關的重要關鍵，然而這兩項指標，最終都能被社交凝聚力取代。」

現在就來進行個有趣的挑戰吧！請你每天透過電子郵件或簡訊寫封簡單的感謝函，如果你想別出心裁，也可以郵寄給對方。相信你會發現這麼做不僅能對你的心情帶來驚人的正面效應，甚至也能讓收件者開心一整天。

#52 認識你的反應

爲什麼有效

我的客戶潔西卡想製作線上行銷影片，但是每次當她著手拍攝時，總是很緊張，心裡不斷想著：「我看起來OK嗎？」「我的訊息能妥善傳達給顧客嗎？」一般而言，會有這些想法是正常的，然而這些焦慮的情緒，卻引發她把一個三十分鐘就可結束的拍攝工作，變成一整個小時都還在反覆討論內容與修改影片呈現方式的檢討大會，根本無法完成影片。

諮商時，我並未否定或忽略潔西卡的憂慮，而是讓她說出自己擔心的事。

無視或假裝我們沒有這些反應及感受其實很簡單，但這樣做卻會否定一部分需要照顧的自己。在釐清潔西卡對於拍片的憂慮，並且不批判她任何的想法後，緊張的感受與反應就會隨著時間而逐漸減輕。若能在拍片前先處理這些焦慮的感受，她就能好好行動。之後，潔西卡不需要寫下問題，也能果斷地按下錄影鍵，順利完成影片的拍攝工作。

實行步驟

洞悉你的不安情緒。

與其一直閃避觸動心緒的因素，不如把它們當成線索，藉此找出阻礙我們前進的原因，唯有勇敢面對，才不會一直裹足不前，遲遲完成不了目標。

不要一直想著：「我快被壓力壓垮了。」而是試著想想：「我想知道為什麼會有這股壓力，讓我覺得喘不過氣？」將壓力轉變成能讓你啟發靈感的因素，換句話說就是把壓力當作機會來看待。無論最終是否能順利完成，你都能從這個經歷中，體驗並學習到很棒的事物。

專欄

拓展你的視點，解決阻礙

我們並非完全要走新時代（New Age）或是靈性路線，但當要踏上新的道路，像是擺脫固有習性，或是在人際關係中劃分界線時，若能擁有更廣泛的觀點，就能爲我們帶來極大助益。也就是說，不要用我們過去的眼光來看待問題，像是：「我沒辦法停止拖延！」或「我改不掉花錢的習慣！」而是選擇以不同視點來審視問題。因爲當你改變對事物的觀點，想法也會改變。

剛開始時，詢問自己現在能夠主導、過去進展順利的事物分別是什麼，這些都是能協助你解決問題的線索，而不要只在乎阻礙的本質上。如果你覺得遇到瓶頸，可以換個角度想想下列幾個問題：

- 過去什麼時候雖然自己心中有質疑，但卻仍堅持不懈？
- 如何在意志力快堅持不住、常半途而廢的衝動之下，奮戰到底？
- 如果要提供建議給經歷同樣困難的朋友，我會跟他們說什麼？

#53 認清負面情緒的意義

爲什麼有效

在朝著目標努力的同時，你是否曾有過想避開的擔憂、懷疑、焦慮、沮喪等情緒？當我們充滿這些負面情緒時，就很容易產生負面的想法，覺得自己就是辦不到。相反地，當我們充滿興奮、樂觀、自信等正面情緒時，則會相信自己能勝任手上的任務。

不過，這些負面情緒有時候是告訴我們，現在走的方向是正確的。因此，我們不該把過程中的掙扎或阻礙，視為落後、無能為力的象徵，應該了解其中的真義，這些僅僅是我們在面對尚未熟悉的事物時，所體驗到的感受。正因為面臨挑戰，才知道你做得沒錯。

實行步驟

闡明負面情緒的真正意義。

試著想像你在努力邁向目標時的情緒。如果你感到擔憂或挫折，想想你為這些感受賦予了什麼意義，是「好耶！這代表我正為了實現目標而竭盡所能，努力向前」，還是「唉呀！我該要放棄，回去做我熟悉又拿手的事還比較輕鬆」。

如果是後者，你得好好了解這些情緒背後的真正含意。當你有這類情緒，其實代表你並沒有做錯，接納它是努力過程中的其中一環。而且如果你沒有嘗試去改變，其實根本也不會有這些感受存在。

#54 自在地接納負面情緒

爲什麼有效

在小時候或青少年時期，假如某些事情不能如願以償，而使我們感到沮喪，甚至流淚，可能會有人叫我們「振作起來」或「面帶微笑」，或許也會拿到一張用來擦去眼淚的面紙。

我們的父母師長可能是出於好意，試圖讓我們擺脫這些令人難過的感受，或是幫助我們變得堅強，以面對人生所帶來的難題。這也許是無意間教導我們要避開不自在的感受，甚至為此不惜一切代價。然而諷刺的是，迴避不自在的感受其實會使我們付出更多代價。

應該不會有人會在心裡這麼想，「好耶！我的眼睛在流淚！再多來點悲傷！」或是「憤怒上場了，唷呼！」，熱情地接受這些負面情緒。不過，我們若能對這些不太討人喜歡的情緒訪客稍微友好一點，就能減少它們的影響力，甚至還能增強自己的意志力。

假設我們有兩種選擇：馬上吃餅乾滿足解饞的欲望，或是抗拒當下吃餅乾的衝動，以滿足健康飲食的目標。當我們想抗拒誘人餅乾的欲望時，可能就必須接納因選擇抗拒所帶來的挫折或暴躁情緒。

自在地感受那些不太討人喜歡的感覺，就是你的錦囊妙計。當這些情緒上門時，別一味閃避逃離，包容和接納它們確實對你比較有利。這就好比撲滿一樣，每當你感覺不自在卻仍然採取正面舉動時，等於在長期目標的帳戶中存下一枚硬幣。當你積累的硬幣愈多，意志力就愈強，能力也愈強，也更容易繼續累積下去，並且證明自己絕對辦得到。

實行步驟

1. 自我察覺。

哪些事會激起你的情緒波動？

2. 擁抱不自在感。

分辨一下這是挫折感或擔憂感，並讓自己好好感受。

3. 逆向操作，找出解決對策。

仔細感受催促你吃下餅乾的內心慾望，或刺激你抽菸的衝動，並藉此提醒自己要懂得逆向操作。可以問自己，當你感受到大吃餅乾的誘惑時，該如何有效提醒自己要改吃沙拉？

#55 培養慈悲心

爲什麼有效

如果我們發現要達成自認為簡單的事物其實很困難，例如：想減少遲到次數或是減少支出，我們可能會感到沮喪；原本以為不會太困難的工作，到頭來卻比我們所想的困難得多，我們便會因此喪氣。

當我的客戶遇上這種情況，我都會鼓勵他們把目標打散成較小的區塊，好讓他們先從成功完成小部分的任務開始。然而，他們認為自己應該能一次完成整件事，覺得這種按部就班的方法很可笑，甚至感到荒謬。不過，這卻是個雙輸的做法，反而讓進展停滯不前，最終導致失敗。

但是，只要加入一項關鍵要素就能讓我們贏回局面，那就是抱持「慈悲心」。很多人會把這個詞聯想為對自己寬容，或是單純接納我們的處境。然而，它還有另一個有趣的層面。

自我慈悲研究領域的先驅克莉絲汀・聶夫（Kristin Neff）博士表示：「多數人都誤解了自我慈悲的意思，因為我們的文化總是要我們嚴以律己。」她說大多數人都認為對自己愈不慈悲，就愈能堅持住自己的目標奮鬥下去。「雖然他們認為自我批判是讓自己保持前進的方法，但事實上，自我慈悲確實更有利於激發動力。」

健康心理學家凱莉・麥高尼格在《輕鬆駕馭意志力》一書中對以上說法也表示贊同，並表示不少研究顯示：「自我批判一直是讓動力低落與自制力不足的因素。令人訝異地，真正能提升意志力的並不是罪惡感，而是寬恕。」

沒錯！慈悲心、寬恕，都是媽媽教我們對待別人的方式，而這些的確也能反過來幫助我們自己。

此外，最容易對別人表達支持與理解的人，往往出乎意料地，在自我慈悲的測試中得分最低，他們總是會苛責自己，例如：責怪自己的體重過重或缺乏運動。

現在我們明白了這種傾向，該來解決問題了。

實行步驟

1. 找出你比較容易自我批判的事物。

記得我們只是單純地觀察，並且對此給予自我改變的空間，不做任何的批判或責難。

2. 設想自我慈悲的模樣。

當發現自己又開始自我批判時，試著對自己產生慈悲心，並覺察這樣做是否會讓你在一大早覺得自己很棒？或者是否會讓你對自己更有信心？

3.付諸實行。

剛開始實行時可能會覺得很可笑或是不太習慣。不過，當你多加嘗試這個慈悲心練習，就會愈來愈容易、上手。這種做法除了讓你邁向成功，也會讓你的感覺更好。

#56 擁抱正念

爲什麼有效

在每個人都能使用的工具中，「正念」就像是塊隱藏的寶石，尤其在經歷焦慮或懊悔等負面情緒時更是如此。善用正念可以讓你立刻回到當下，感受到肌膚所接觸到的細微空氣，或是嗅到芬芳花朵所散發的微弱香氣。未來的焦慮與過去的擔憂便可煙消雲散，取而代之的是沉著、平靜與閒適。

在你需要的時候，正念隨時都能信手拈來。比方說：當你受邀參加派對，卻有工作尚未完成。這時或許你會感到焦慮、擔憂，想著：「我若拒絕的話，下次還會受邀嗎？」或者「管他的！還是去派對好了，反正我可以把事情延後。」但即使做出決定，心中仍是忐忑不安。

在面對處境艱難的情形時，想想「正念」這位好朋友。透過正念，你可以讓自己的內心更加踏實、擁抱當下的感受、藉由感官來感受周遭環境，從而進入放鬆，甚至愉悅的狀態。

然而，正念並不會替你做決定。但是一旦有了正念經歷之後，你便可以從更周全、更敏銳、更直觀的角度來解決問題。

實行步驟

1.正念並非觀念，而是行動。

你不需要報名瑜珈或正念靜坐課程才能了解正念的意義。正念是提升你對某件事物的體認與知覺，也就是置身當下並留意你的想法、感受，以及身體油然而生的感覺。

2.從日常生活中體驗正念。

當你在吃飯時，放慢速度並專注於食物的味道、香氣與口感，在心裡默默感受美好的滋味；當你在公園裡，留意照在皮膚上的陽光和身邊孩童嬉戲的聲音；如果你在鬧街上，觀察揮舞著雙手的義交和喇叭響個不停的車輛。

你不需要控制環境或對此產生過多反應，只要靜靜地留心觀察即可。

#57 擁抱感恩之情

爲什麼有效

當你想到「感恩」這件事，或許會想到有些人對於最微不足道的事物也能抱持謝意。對在任何情況下都心懷感恩的人而言，即便是航班被取消或是遇上暴風雨，他們會認為這是另類的恩典。

這種異於常人的想法，不禁讓我們覺得那些滿懷感激之人，是否是生活在另類的現實之中？或是他們的思維天生就與眾不同？然而事實證明，能夠發自內心並始終如一地感謝美好和邪惡、醜陋的事物，可是需要努力練習的！

我們的大腦天生容易聚焦於負面的事物上。這是由於遠古時代的環境充滿許多危險，而必須時時保持警覺的緣故。假如我們被獅子追趕時，還在讚賞美麗的蝴蝶的話，那就會是死路一條。然而，久遠的祖先總是關注在負面事物這點，卻遺留在我們基因中根深蒂固。

因此，即便我們生活在現代，不再有威脅生活的猛獸存在，但當我們在社群媒體所得到的按讚數不夠時，大腦就會拉警報，認為這種失落、擔憂的情感就是最大的威脅。那麼，我們該如何教導大腦認清真正會危及生命的威脅，好讓我們不會時常進入戰或逃（fight or flight）狀態，或者老是聚焦在負面的事物或情緒之中呢？

答案就是要對事物抱持著感恩的心態。根據二〇一六年發表於《情感》（*Emotion*）期刊上的研究指出：「感恩有助於增強自我控制的能力。」

實行步驟

1. 創造感恩的提示。

可透過以下類似的問題來喚醒感恩之情：「今天有什麼事讓我感到激勵？」或是「我最喜歡好朋友的哪一點？」找出身邊值得感謝的人事物。

2.表達感恩。

決定你要何時、如何向對方表達感恩，藉此感受感謝所帶來的正面情緒，以提高自制力。

#58 保持冷靜沉著

爲什麼有效

我的客戶珍，她覺得自己與母親的對話總是無法達成共識。珍之所以覺得彼此的對話令人厭煩，是因為她會假設母親無論談論什麼話題，總愛跟她唱反調，從工作到感情皆是如此。她想拉近母女關係，但往往適得其反，兩人的關係反而會變得緊張、雙方甚至會有生氣或焦慮的情緒，導致最後無法繼續對話下去。

經過我的諮商後，珍明白若希望和母親的談話能有進展，就必須先著手解決她無法在討論中保持沉著的問題。

這與意志力有什麼關係呢？我們在做出許多最重要的決策時，往往背負著壓力，而這巨大的壓力，會影響我們對於自我調整或掌控情緒的能力，就如同珍的經驗一樣。

所以，解決問題的方法就是：保持冷靜沉著。

藉由幫助珍找到在與母親對話之前和談話過程中，讓內心能夠「沉著下來」的方法後，使她在兩人談話時，至少能清楚表達自己的意見，而不被母親的話語所影響，以避免自己一再淪入困惑與沮喪之中，藉此讓談話氣氛變得融洽輕鬆。

實行步驟

1. 發現情緒開始起伏時，先深呼吸。

在對話前或過程中，假使對方觸發你的負面情緒，透過深呼吸的技巧（參閱練習#63），便能讓你立即保持冷靜。

2.提前預想自己在對話中會有的反應，擬定對策

我的導師曾經描述她多麼熱愛「脾氣始終如一」的人。因為當對方「生氣」或是「抓狂」時，你很清楚他們一直以來就是如此，也已經知道他們會有什麼反應，甚至知道該如何應付。

雖然珍也許無法改變或預測母親的反應，但她可以想自己該如何穩定情緒不被對方影響，為此預做計畫，以及當出現恐懼情緒時要說什麼話，如此一來，即便談話時真的出現這些問題時，也能處變不驚，保持冷靜沉著。

#59 讓渴望的力量，驅動你到達目的地

爲什麼有效

我們會閱讀本書，是因為我們想利用意志力來改變現況，不論是想要戒菸，或者想要停止亂花錢。現在認真想像一下，假如這些願望都完成了，未來在生活中我們會產生哪些影響？

應該是被揪去抽菸時，不再需要找藉口逃離、不用在登入銀行帳戶時心想：「我果然又花了不必要的錢。」我們所得到的就是有個健康強壯的身體，或是帳戶裡存有第一桶金。

然而，在要達成目標的過程中並非一帆風順，總是會遇到考驗。比方說，在你下定決心要戒菸，朋友卻揪你外出抽根菸時，可能你的內心會開始產生動搖，到底是這次先抽一根菸，下次再戒菸，還是直截了當婉拒朋友，

以堅持戒菸的目標，但我們很容易會把立即性的滿足擺在第一位，也就是說忘記想要保持健康的目標，而急於滿足當下對尼古丁的迫切需求。

然而，該如何放棄滿足我們短期內的慾望，而持續專注於美好的長遠目標，以達成自己真正的期望、更深切的願望呢？答案是：喚起想達成目標的動力和其重要性。

凱莉·麥高尼格在《輕鬆駕馭意志力》一書中寫道，要抗拒選擇比長遠目標更加吸引人的現在時，你應該是訴諸於自己「渴望的力量」、「能在你感到脆弱時給你力量的動力」。麥高尼格說，假如你感覺特別受到誘惑，別只想著你應該要怎麼抗拒它，而是更要提醒自己你的最終目標是什麼。舉個例子，不要想著「我應該變得更健康」或是「我應該喜歡寫作」，而是該想著為什麼健康與寫作對你很重要（參閱練習#41）。

當意志力耗盡時，善用這股「渴望的力量」能夠刺激你的前額葉皮質，便可再次獲得源源不絕的意志力。

實行步驟

1.減輕壓力。

當我們在壓力下抉擇時，很容易做出偏頗的決定。所以先做個深呼吸、讓身體放輕鬆。

2.放大視野，綜觀全局。

就像把原本聚焦於一棵樹的相機鏡頭拉遠，眺望整片蓊鬱茂密的景色。綜觀全局來考量此時此刻，不過是時間長河中的一瞬間，不應該只為了滿足現今一時的快樂，而放棄一直以來所堅持的目標。

比方說，你為了未來想含飴弄孫而決定戒菸，以保持身體健康。當你忍不住想抽菸時，就趕緊在腦海中想像年長的你跟孫子們坐在鞦韆上一起玩耍、同樂、歌唱的景象。藉此喚起你想要達成目標的動力和決心，而不被當下的快樂而誘惑。

3.增加目標的價值，以維持動力。

再次喚起目標對自己的重要性之後，凱莉．麥高尼格建議你也可以想想該目標對其他人有何好處，以加強達成目標的動力與決心。例如：若你能朝著目標前進，對子孫有哪些好處。還有不抽菸這件事對你所愛之人能產生什麼正面影響？發揮創意思考一下，想想這個目標能夠造福哪些人。

加深目標的價值，便讓自己更容易專注在目標上。

#60 滿足自我需求

爲什麼有效

「誘惑」這隻又大又邪惡的妖怪強大無比，使我們必須老是處於防禦狀態。與其防守城堡、升起護城橋，不如轉為主動進攻。假如能正確運用意志力，或許就有機會擊敗它。

為此，我們必須明智地了解自己特定的行動模式。我們在一天當中的什麼時間與什麼狀況下最容易受到誘惑？除了培養意志力去杜絕誘惑之外，在生活中如果能讓自己感到舒坦、滿足、圓滿的話，我們也能輕易地對抗誘惑。

當我們能夠滿足自我需求並減輕壓力時，便會無意識地嚴守自己的意志力習慣。與其花時間鞏固防禦、等待消滅誘惑怪物的機會，不如主動出擊找出有效的方法來對治它。

實行步驟

1. 找出對你而言最重要的需求。

馬斯洛需求層次（Maslow's hierarchy of needs）區分了基本、心理與自我實現的需求，從健康、親密關係、財務健全，一直到追求目標。你最重要的需求是什麼？充足的睡眠？玩音樂？還是與朋友相處？花點時間找出真正重要的事物（參閱練習#41）。

2. 安排每周可滿足需求的時間。

如果對你來說睡眠是優先事項，那就設定鬧鐘提醒自己何時該就寢；如果你正試圖在獨處與社交之間取得平衡，那就提前安排好整個月的計畫。

專欄

找到你的生產力巔峰

如果你認爲自己能飛，但有時總是無法發揮潛力，那你可能需要重新思考，一天中處理事務的時間是否安排恰當。如果你像貓頭鷹一樣熬夜工作，卻發現自己精力耗竭，可能是因爲你其實是隻雲雀，也就是適合早起的人。不論是雲雀、貓頭鷹或是「第三種類型的鳥類」，指的就是「時型」（chronotype），根據作家丹尼爾．平克（Daniel Pink）表示，這些鳥類分別代表三種不同類型的生理時鐘。

在平克的理論中，雲雀（超級早起的人）與第三種鳥（在早上八點至十點之間會自然睡醒的人）的日常能量水平會經歷高峰、低谷和反彈期。他們的專注能力大約在醒來的兩小時左右達到巔峰，這就是他們進行生產力工作的最佳時機。而對貓頭鷹類型的人而言，情況恰恰相反，他們的巔峰是在天黑之後。

如果你不斷消耗能量卻看不見成果，別急著振翅。先確定你是哪種類型再飛向成功，給他們好看！

#61 擁抱大自然

爲什麼有效

在探討這條練習前，先把這頁標記起來，然後走到一朵在寧靜環境中綻放的百合花，或是最近的綠色植物旁邊坐下。根據注意力恢復理論，身處於大自然中，像是樹木、海洋、沙灘或只是坐在盆栽旁邊，都能幫助我們更加專注。

在二〇一五年的一項注意力恢復理論研究中，讓一百五十位學生分別望向窗外種滿花草的屋頂或光禿禿的水泥屋頂四十秒。中途望向花草的受試者在後續任務上的集中力有所提升，並且與盯著光禿禿屋頂的對照組相比，產生失誤的機率也比較少。

這是因為，即使只在短時間內觀看像青草、山峰或灌木叢等自然景物，能增加副交感神經的活動，進而減緩焦慮，並有效產生放鬆與正面的情緒。

就如這項屋頂研究所顯示，透過片刻休息來觀賞大自然對於我們的身心疲勞具有恢復效果，並且能增強注意力。墨爾本大學研究員凱特・李（Kate Lee）表示：「這項研究讓我們了解，即便只觀察自然影像不到一分鐘的時間，就足以幫助我們提升工作表現。」

沒錯，光是觀賞大自然的影像就辦得到。所以假如你的辦公室缺少綠色植物，只要翻翻你同事桌上那本植物桌曆三到七月的照片就夠了。你也可以到 YouTube 網站參考鮑伯・羅斯（Bob Ross）的影片，或者自己畫一幅花草的圖畫放在辦公桌上也行！

實行步驟

1. 找時間接近大自然。

你不需要刻意打造溫室或是花錢買植物，只要在一天之中找時間到戶外散散步，或是欣賞非人造的景物，也就是生長、出現在大自然中的植物、花朵、溪流，甚至連觸摸沙子都能幫助你提升注意力。

2.觀看大自然的圖像。

如果周圍找不到自然元素來幫助集中注意力的話，你可以拍一些樹木照片存在手機裡、把螢幕保護程式改成高山或河流的圖片，或是聆聽雨林中潺潺小溪或鳥叫的聲音，藉此種下提升專注力的種子。

專欄

相信你的意志力是無窮無盡

想像你辛苦工作了一整天，隔天早上會有什麼感覺？

—意志力已經耗盡了，對工作實在提不起勁。

—意志力完好如初，準備好再次投入工作。

你的答案會取決於你目前對於意志力的觀點。瑞士心理學家凱薩琳娜・伯納克（Katharina Bernecker）與薇洛妮卡・喬布（Veronika Job）表示，特別是在疲憊的一天過後，我們對意志力的信念會左右處事能力與實際表現。

根據針對一百五十七位大學生所進行的實驗，研究人員得到的結論是：相較於認爲意志力取之不盡的人而言，認爲意志力是有限的人會：

1. 預期在不愉快的任務中難以有所進展。

2. 預期不愉快的任務會使自己感到筋疲力盡。
3. 降低努力達成目標的效率。

相反地，認爲意志力無限的人在對於自我控制的要求上，能感受到正面影響，進而激發自身更多的意志力。

#62 多曬太陽

爲什麼有效

信不信由你，陽光雖然會讓你曬黑，但卻能讓你專心！所以如果你在泳池旁享受悠閒時光，也許會想帶上海灘巾並且寫寫日記。

接觸陽光時，我們體內的血清素濃度會上升，進而改善心情。太棒了！當我們的情緒變得樂觀與興奮，就能更加強化意志力。最近在《環境健康》（*Environmental Health*）期刊上的一項研究指出，近似於陽光的明亮光線不僅是天然的「情緒強化劑」之外，也會影響人類的注意力。

除了增強注意力之外，光線還能提升在夜晚與白天的警覺性與表現，同時也會影響大腦某些區域的功能。

這代表當你人在海邊、游泳池或單純坐在戶外曬太陽時，又多一個充分的理由了！

實行步驟

1.假如無法常常曬太陽，可考慮花錢買盞光療燈。

光療燈的光線能模擬日光，你可以放在家中或是帶到公司使用，藉此多接觸陽光。

2.設法讓你家或公司充滿陽光。

早上把遮光窗簾打開，並且為你的電腦投資一張防眩光的螢幕保護貼，讓自己盡可能沐浴在陽光下。

#63 在呼吸之間舒緩身心

爲什麼有效

當你正好在實行低醣飲食，有人從廚房端出你最喜歡的千層麵，並且一步步逼近大肆誘惑你的時候，當下你的心跳或許漏了一拍，額頭上冒出汗珠。然而你並未抓起餐盤大快朵頤，而是對那動人心弦的料理視而不見。此時能讓你抗拒美食的妙招就是，運用神祕又無法捉摸的意志力武器：呼吸！

不過，這不是普通的呼吸，而是腹式呼吸，是種強而有力的深呼吸，因此橫膈膜會在腹部擴張的同時一併收縮。這種呼吸法有助於保持情緒平穩，增強你保持冷靜與忍耐的能力，即便遇上婀娜多姿的美女也能無動於衷。

健康心理學家凱莉．麥高尼格曾在她的著作《輕鬆駕馭意志力》中分享，將呼吸減慢至「每分鐘四到六次」是能夠立即強化意志力，並且使大腦與身體從壓力模式切換至自制力模式的祕訣。

所以當你覺得受到誘惑，無法克制下去或者筋疲力盡時，別忘了你只需要一口深呼吸，就能再次獲得意志力。

實行步驟

記住腹式呼吸的祕訣

沉住氣並放慢思考。當感到壓力時，呼吸會變得很淺，氣息僅僅在胸腔內進出。這時應該專注於從腹部呼吸並且放慢速度。

你可以簡單地從意識自己的呼吸開始：把一隻手放在胸口，另一隻手放在肚臍上方，緩慢且充分地吸氣與呼氣，讓自己每次呼吸時都感覺到橫膈膜也在運動，而不是單單只有胸口的起伏而已。

#64 冥想啟動

爲什麼有效

你是否曾經一邊推著嬰兒車、一邊遛著西施狗、一邊回答工作電話的同時，還一路趕著回家為家人煮一頓健康餐點？或許狀況不太一樣，但我們都曾在某些時候為了做好每件事而感到心力交瘁、分身乏術。然而當你發現自己覺得忙亂又倉促時，慢下腳步專注呼吸，其實更能幫你加快速度。

科學家發現，以正念為導向的冥想可以強化我們反覆集中注意的能力。腦部掃描研究顯示，當我們冥想時，會關閉散亂或迷惘的念頭，並且啟動大腦的前額葉皮質，而這正是掌管意志力的部位。

由此可知，冥想能產生更大的專注力。所以當你急於完成具有時限或高難度的任務，但似乎難以專注時，請先停下手邊的工作，找張椅子坐下，雙腿交叉並閉上雙眼。記得還要專注在呼吸上。

實行步驟

1. 舒適地挺直脊椎坐好，閉上雙眼。

如果雙腿交叉不舒服就換個舒適的姿勢。

2. 放慢呼吸。

慢慢地從鼻子吸氣、從嘴巴吐氣。

3. 如果有念頭竄入心中，請親切地望著它們離去。

想像每個念頭如同落葉般從河上漂過（或任何你喜歡的意象），不要帶任何的批判，接著再次回到緩慢、深層的呼吸上。

#65 透過運動增強意志力

爲什麼有效

不要變成沙發上的馬鈴薯，這點很重要。解決方法都是些老生常談的內容，包括：多做運動、採行健康飲食法和保持良好的生活習慣。但是假如你希望達成的不僅僅是「不要在沙發上生根」，尤其還希望改善拖延症、增加動力，甚至在財務上達到節流的話，那就有充分的理由考慮要多多運動。真心不騙！運動有助於解決這些問題，也包括增加你的銀行存款。

在一個為期四個月的研究中，讓一群原本不運動的人勤跑健身房，並且每個月對受試者進行評估。在參加定期運動計畫後，受試者紛紛出現修正自己的正面行為，例如：改善學習的態度和方式、控管支出、感到壓力減輕，甚至也減少了酒精與咖啡因攝取量。

另一項實驗則分為兩部分進行，探討運動對於體重過重或久坐人士的影響，更特別測試了他們延遲滿足的能力。即便在訓練結束的一個月後，他們不再上健身房，受試者依然表示自制能力有所提升。

因此，當你在臥推或是舉槓鈴時，你所強化的可遠遠不只是肌肉，還包括「意志力」！

實行步驟

1. 擺脫無益的念頭。

許多客戶總覺得自己「缺乏動力」。現在該是消除這種錯誤信念的時候了。你跟健身狂熱者並沒有任何差別，只是他們具有健身習慣罷了。

如果你最近都沒什麼運動，是因為你還沒養成習慣。當你開始慢慢培養「習慣」，最終就會「習慣」！無論你想養成任何正面習慣，道理都一樣。

2. 改變心態。

把像是「我沒有多餘的心力去運動」的念頭，改成「我要獲得運動所需的精力」。這個道理就像開車一樣，你得先踩下油門才會前進。

3. 從簡單的運動開始下手。

你不需要馬上報名馬拉松，或是開始要求自己每天運動三十分鐘。如果你已經好一陣子沒運動了，單純的散步就是很好的起點。先從簡單的運動開始循序漸進做吧。

#66 來點瑜珈

爲什麼有效

英國大學生參與一項隨機對照實驗，在參加為期六周、每周一次的瑜珈課程後，他們的自主回報顯示身心都有所改善。這些瑜珈新手描述其效果包含變得思慮清晰、心情平靜、興高采烈、精力充沛與充滿自信，同時還包括能增加決心與滿足感、在承受壓力的處境下更能胸有成竹地解決難題。

根據這項研究可以得知，只要每周一小時練習柔軟心瑜珈（Dru yoga），並持續一個多月，就能讓你變得更喜悅。

伸展、保持平衡並抓住你的左腳，這些瑜珈動作是如何對我們帶來如此卓越的影響？又是如何提升我們的專注力？羅伊・鮑麥斯特表示，「練習強化自制力就能提升意志力。」（參閱練習#12）即使是在練習中「注意與調整姿勢」如此細微的舉動也很有效。

許多研究都顯示，瑜珈對於肢體動作、呼吸控制、身心放鬆與靜心冥想提供不少方法，能促進身心健康。在許久以前早已有數百萬人了解這項事實！在好幾個世紀以前，就有許多人把瑜珈當作促進健康的運動來練習。

我們可以從幾百年前的瑜珈練習者身上學到一兩招。比方說：當你感到壓力高漲時，可以做下犬式。試著將你的體位法修正完美，並在課程結束的大休息中找到平靜，就能發現自己思慮會變得更清晰、充滿活力，甚至興高采烈。

實行步驟

1. 找間瑜珈教室。

每間瑜珈教室的課程都不盡相同，你可以去上個體驗課，親身感受一下。找到你喜歡的教室或指導師後，便可以安排練習計畫。

2.在家中打造瑜珈空間。

不一定要出門才能做瑜珈。買張瑜珈墊、看某位瑜珈 YouTuber 的影片在家練習也可以。假如你真的熱衷瑜珈，甚至可以雇用私人教練，在家裡自在地練習。

3.矯正你的姿態。

假如你抽不出時間練習瑜珈，單純在家矯正不良的姿勢也行。如果你能練習坐得更挺，或買組姿勢矯正器來用，也能增強意志力。

專欄

放聲大笑

當你心情低落時，會難以專注在目標上。這裡提供的解決方法聽起來或許很滑稽，但「大笑療法」是公認能夠促進心理健康的療法！曾有人探討不同笑法的療效，大概有以下五種笑法：

- 眞實或自發性的笑（藉由外部刺激，打從內心自然出現的情緒反應）
- 假笑（自己刻意做出的）
- 受到刺激的笑（透過身體接觸，例如：搔癢）
- 被誘發的笑（透過藥物或其他事物）
- 病理性的笑（未受特定刺激）

眞實的笑有益身心，這點並不意外。但即使是大笑療法中教導受刺激所引起的笑，也被證實能夠促進健康。

大笑療法對於不同狀態的個體都有正面影響，從南韓社區中心的年長者到南非愛滋病的家庭效果都一樣。
你可以在網路上或是向經過認證的教師進一步學習。藉由大笑來促進健康，並且增強意志力吧！

#67 好好睡一覺

爲什麼有效

整夜輾轉難眠或是只睡了一兩個小時，這種感覺真不好受，尤其當你隔天要上班時更是如此，更別說你隔天還需要全神貫注、全力以赴地工作了。

不可否認地，很多人都沒辦法想睡就睡，但我們可以做些準備，盡量讓自己睡個好覺，而且重點不只是睡著而已。研究顯示，良好的睡眠養生之道是：維持有規律的入睡與起床時間，並獲得充足、優質的睡眠。

對於我們的身體機能來說，有好的睡眠品質比攝取優質的食物更重要！假如我們好幾天不吃東西，可能會很虛弱、飢餓又焦慮。但是假如是好幾天不睡覺，幾乎會讓我們的身心無法正常運作。即使只是些許的睡眠不足，都可能殘害我們的身體與心理狀態。

所以如果我們把提升意志力擺在優先順位、想確保說出來的話有頭有尾，並且不想把辦公室的桌曆當成枕頭，那就別忘了要好好睡一覺！

為了改善睡眠健康，可參考以下由國家睡眠基金會（National Sleep Foundation）所提供的睡眠祕訣。

實行步驟

1. 睡午覺。

中午打個少於三十分鐘小盹，能夠改善你的工作表現。

2. 實行能幫助放鬆的睡前習慣。

可能是花點時間閱讀、靜坐冥想，或任何有助於你放鬆的活動。

3.睡前避免接觸明亮的光線或3C產品。

如果你在半夜醒來，千萬不要看手機，因為這種亮光反而會把大腦喚醒，讓你之後難以入睡。

4.睡前避免接觸刺激物。

包括咖啡因、尼古丁，以及享用太過豐盛的消夜，這會導致腸胃消化不良，進而增加失眠的機率。

5.使用適合自己的床墊跟枕頭。

選擇你喜愛的寢具，並維持房間的黑暗與涼爽室溫，約介於攝氏十五·六至十九·四度。

#68 攝取健康食物來補充能量

爲什麼有效

有項研究將一群高中學生分成三組，讓第一組攝取低升糖（低ＧＩ）食物，例如：燕麥、水果與蛋類；第二組攝取高升糖（高ＧＩ）食物，包括貝果與果醬餡餅，第三組則並未進食。在由教師評估行為與學術表現時，發現低升糖食物組別的表現明顯優於其他兩組。由此可知，若是能吃的好，表現就會更好！

可以幫助我們展現絕佳表現的食物，是富含如 omega-3 脂肪酸、維生素B、β-胡蘿蔔素與抗氧化物等營養成分，多攝取這類食物就是很好的開始。諸多研究都顯示這些營養素能改善你的心臟、血管與大腦健康。

實行步驟

規畫健康飲食計畫。

大多數專家都同意下列幾種食物是可增加健康的關鍵：綠色葉菜類（羽衣甘藍、菠菜、芥藍菜、青花菜）、多脂魚類（鮭魚、水煮鮪魚罐頭、鱈魚）、莓果類（藍莓、黑莓、草莓）、堅果類（杏仁、核桃）、種子類（奇亞籽、南瓜籽、亞麻籽）、高維生素C類（柳橙、甜椒、芭樂、番茄）、優質脂質類（橄欖油、酪梨），以及咖啡跟茶類。

有些專家也提倡瘦肉、蛋類、薑黃與黑巧克力等，同樣對身體健康有助益的食物。

專欄

如何抗拒日常誘惑？

在二〇一二年芝加哥大學布斯商學院（University of Chicago Booth School of Business）的研究中，研究員追蹤了德國一座城市裡的兩百零八名男女。每隔一段時間，傳呼器會響起，而受試者必須回報他們當下和半小時前是否存在任何慾望。假如他們心懷慾望，就要回報慾望的內容、強度與持續時間。最重要的是，他們必須抵抗追求慾望的誘惑及衝動。

這項研究共回收了超過一萬份報告，有效的報告爲七千八百二十七份。其中最常出現的慾望是關於吃、喝、睡眠、慾望、性愛，還有檢查電子郵件與瀏覽社交網站等。

透過這份報告，研究員導出令人注目的結論，這些人每天至少花上四小時面對慾望的誘惑與抗拒渴望。而他們抗拒誘惑最常用的方法，就是尋求可分散注意力的事物，或是展開全新的活動，但有時也會試圖直接壓抑慾望。

#69 閱讀名言佳句

爲什麼有效

「現在的事實在過去都曾是空想。」——威廉・布萊克（William Blake）

「意志力就像肌肉，愈用愈強。」——無名氏

「挺身而出的意願改變了我們，使我們每次都變得更加勇敢。」——布芮妮・布朗（Brené Brown）

如果你讀完這三則名言佳句，其實你的意志力已經略微增強了！這對於喜愛閱讀名言佳句，或是看 Instagram 貼文的你來說，真是個好消息。

你知道看那些 Instagram 上那些吸睛的照片，像是在鳳梨旁邊寫著「生命很甜美」，或是在跑者身旁貼著激勵人心的「重要的並非你來自何方，而

是你往何處去」的短句，光是閱讀跟意志力有關的名言，就能夠強化你的意志力。

在二〇〇七年的一項研究顯示，受試者單純閱讀與意志力相關的名句，就能夠填補先前所消耗的意志力。雖然這項研究的受測族群主要是女大生，不過，對於不太喜歡看 Instagram 勵志貼文的男性，或是三十到五十歲的族群也別苦惱，早先關於正向情緒研究也發現，受試者的潛意識中若是曾接觸正向刺激，即便在歷經自我耗損後，也同樣能維持較長的自制力。

所以，閱讀跟意志力有關的名言佳句到底是如何增加意志力的呢？其中一個原因與自我價值有關。如果你專注在能加強自我價值的名言上，透過言語的力量就能夠幫助啟發自己，並且也能將重心放在對你而言最重要的事物上（參閱練習#41）。

實行步驟

1. 挑選幾則能讓你產生共鳴，或激發動力的意志力名言。

你可以把能啟發自己的名言佳句記下來、儲存激勵人心的 Instagram 貼文，或者選一本名言集錦。

2. 試圖讓自己能隨時看見名言佳句。

你可以把名言佳句裱框掛在辦公室，甚至也可以把它設為桌面的螢幕保護程式或手機桌布，讓你每天時時刻刻都可以看到。

3. 複誦名言。

在你靜心冥想或覺得缺乏動力，而需要來點激勵時，試著複誦對自己特別有意義的名言，便能增加意志力。

第八章

向未來發掘，當下可勇往直前的可能性

#70 向未來的自己請益

爲什麼有效

研究顯示，我們常會把未來的自己塑造成截然不同的人！這表示當我們描繪五年、十年或二十年後的自己時，都會感到有點脫節，覺得未來的自己就像個陌生人。然而，明白這一點卻有助於解釋，為何長期目標不一定會讓我們感到急迫。這是因為當下的我們無法理解，能從未來計畫中受益的人，其實就是我們自己！

一開始可以花點時間想像未來的自己，並且向他們請益，也就是去預測他們想要什麼、渴望什麼、忙些什麼，讓未來的自己指引我們當下能做些什麼，應該抱持什麼樣的心態。研究顯示，若是我們與未來自己的連結愈緊密，也就愈有動力在當下採取對未來有正面影響的行為。

實行步驟

1. 想像未來自己的模樣。

想像未來的自己將籠罩在美麗、正面的光芒之中。你看起來會是什麼模樣？會採取哪些行動？抱持何種信念？會如何面對挑戰？喜歡哪些事物？會受到哪些啟發？如何堅持正面的習慣？會有哪些成就？以上是問題範例，你可以自由發揮。記得你在想像未來自己時，把浮現的全部想法都記下來。

2. 親近「未來的你」。

為了成為未來理想中的自己，可以花點時間心思集中在他的身上。早上起床後與晚上睡覺前可以讀一下你的筆記，並隨時加上新的想法，讓你與未來的自己更加靠近。

3. 試圖模仿「未來的你」的行為。

這時該親身體驗未來的自己了。嘗試實踐未來的你可能會做出的一兩種行為。假如這些行為讓你感到興奮又覺得有點困惑，那就對了。

#71 描繪可能性

爲什麼有效

如果要你選擇自在或不自在，你會選哪個呢？一定是自在，對吧？因為感覺比較好。現在假設你明白不自在，也就是感覺雖然不這麼舒坦，但最終卻能讓你達成目標，那自在頂多只會在「現在」為你帶來比不自在更好一些的感受。

這也是為什麼，我們會覺得過度花費、接案開價過低，或是在新語言學習上拖拉並沒有這麼糟糕。反正都已經過了這麼多年，就算再等幾周、幾個月或是幾年又何妨？

不過，請仔細想想現在的你，其實正是體現你十年前的選擇。如果十年前，你為了將來的可能性做足了努力，開始緩慢且規律地儲蓄、提高自己接案的費用、報名法文課。十年後，你可能就不再像過去一樣肩負龐大財務壓力，你甚至可以親自教小孩說法文等，到了那時，你便會得到當初的抉擇所帶來的結果。

我們的未來並非已經板上釘釘，而是可以讓我們塗上任何色彩的空白畫布。為了創造美麗的圖畫，需要對未來的可能性抱持信念、接納不自在感。試著選擇自己從未使用過，卻總是想躍躍欲試的色彩吧！

實行步驟

1. 想像未來。

與其打著人生中的安全牌，不如為未來擁有美好的可能性，放手一搏，現在就從描繪未來的樣貌開始。

例如：我想從背負壓力而疲倦不堪的父母，成為積極快樂的爸媽，或是從原本只叨念著「我應該更健康」的想法，變成實際採行健康飲食，並時常與朋友一起騎自行車的行動。

2. 把眼光放遠，追求更長遠的利益。

著重於你達成目標所產生的長遠效益，別糾結於眼前嘗試新事物時，所帶來的短暫不自在的感受。想像所有令人興奮的現實，都可能在未來的人生中夢想成真。選擇新的可能性、提起新的畫筆，揮灑出屬於你的印記。

#72 練習成為期待的自己

爲什麼有效

如果我們希望能走路，卻預期自己最多只能用爬的，那我們還會走路嗎？如果我們希望能致富，卻認為自己註定一輩子是窮光蛋，那我們還有可能變成有錢人嗎？

詹妮絲·維豪爾（Jennice Vilhauer）博士在《今日心理學》（*Psychology Today*）的一篇文章中分享了人類的某些特質，其中提到了我們常做出「跟預期不符」的行為。因此，若我們真的想成功或希望戒掉某個習慣，但在內心深處卻預期不會成真，最終很可能就會以失敗收場。這並不是因為我們不想改變，而是因為我們的行為反映了內心與真實願望相反的負面期待。很奇妙吧？

我們的期望通常取決於過去的經驗，也就是到目前為止對於自己、自身能力、其他人和整體人生的理解而定。不過由於我們並不了解尚未發生的事，若試圖把較為正面的未來期望，建立在過去較為負面的經驗基礎上，將會無法前進。

如果我們不期待自己的願望能夠實現，又該如何達成願望？

答案是：改變我們的期待。讓「未來理想的自己」指引我們當下的行為，把過去的期望留在過去。現在就來決定我們未來幾天、幾個月甚至幾年內要怎麼做才能有嶄新、與眾不同、正向和令人興奮的未來吧。

下定決心，將希望與期待相互接軌，使我們能一步步邁向成功。

實行步驟

1.留意你目前對自己與他人的期待，並且思考過去的經驗是如何塑造這

些想法。

比方說：假如你預測考試成績不會太好，就去思考是過去的哪些經驗讓你產生這種想法。

2.透過未來的自己打造嶄新期望。

假如「未來理想的自己」能夠實現願望，那他們對自己可能有哪些期待？是以何種方式對待自己或他人？肯定或否定哪些經歷？透過想像未來自己的想法，進而得知自己現在真正想要的事物。

專欄

相信自己能有一番作爲

稍早，我會提到麥可・喬丹和他似乎始終貫徹「做就對了」的想法。像是成功就對了、灌籃就對了、神奇地打敗對手就對了。

不過，如果再更深入探討的話，就會知道事實並非如此。

在一九九〇年代的耐吉（Nike）廣告中，他說過這段名言：「我的職業生涯中投失了九千球，輸掉了差不多三百場比賽。還有二十六次，隊友把決定比賽最後一球傳給我，結果我沒投中。我的人生中失敗過一次又一次，這才是我成功的原因。」

我們能從麥可・喬丹與他對成功的觀點學到什麼呢？對初學者而言，重點不是漂亮的勝仗與冠軍獎盃，也不是每季連續參加灌籃大賽，而是在不斷嘗試失敗之中依然努力不懈，在退出比賽之後重新回到場上。就像麥可・喬丹說的：「在你辦到之前，先預期自己會有一番作爲。」

#73 預演成功的感覺

爲什麼有效

當談到「目標」時，其實那並不等同於我們最想要的結果，而是我們假設在獲得成果後所帶來的感覺。因此，如果我們想變得更健康、財務健全或改善關係時，表示我們真正渴望的是某種特定感受，例如：「活力充沛」、「富裕」或是「親密」的感覺。

許多人認為我們需要先實現自己的目標，才能體驗到這些感受。但是事實上卻是先感覺到這些感受，也就是在各種處境中時常有這些類似的體驗，才能使我們更快地實現目標。

實行步驟

1. 想像自己已經達成目標。

決定你最渴望的成果並將它寫下來。試著描繪自己成功的模樣，可閉上雙眼五到十分鐘，想像目標已經實現的情景。

2. 辨別並描述你的感受。

當你想像自己達成目標時有什麼感覺？是有成就感？還是覺得如釋重負？把你認為自己實現願望後會產生的感受記下來。

3. 立刻體驗你所渴望的感受。

你不用等到實現目標才去體驗到這些感受。拿愉悅的感受為例，把你自己裹在溫暖的毛毯中，上 YouTube 網站觀看嬰兒咯咯笑的影片，並留意當下產生的愉悅感。把你在生活中包括實現目標在內的各個面向與愉悅感相互連結。以這種正面觀點看待你的目標，並且採取有助於實現目標的積極行動，便可能在過程中體驗愉悅感，進而幫助你更快達成目標。

#74 給予自我肯定

爲什麼有效

如果你曾經在面對重大改變時告訴自己：「我辦不到」、「我會失敗」或是「我會拖延」，其實你一點也不孤單！因為我們都具有這種內在批判的性格，帶來質疑或擔憂，大腦便是透過誤導的方式來保護我們（參閱練習#25）。

然而，當你決心要改變的時候，需要嶄新的思維、有所助益的想法，有時可能會與我們過去的認知完全相反，例如：告訴自己「我可以」、「我辦得到」跟「我會繼續努力」。這表示改變並非只是做出不同的行為，同時也是選擇相信我們辦得到。

幸好，有很多方法可以強化自我信念，包括利用自我肯定或正向的語句，像是「我有能力能達成目標」或「我是有自信、有能力的人」。或許你本來就相信這些事，又或許這些是你單純想要相信的全新概念。無論是哪種都好，把自我肯定的話語寫下來，並且大聲朗讀或是在心裡不斷複誦，便可以在你的內心強化成長與擴大可能性。

尤其在面對逆境時，自我肯定有助於我們敞開心胸、協助我們保持自制力甚至平息憂慮，並能成功面對與克服阻礙。

所以在意志力的旅程上，若面臨阻礙、新的選擇或新的道路，我們可以直接應對而不用再轉身逃避。只要記得自己絕對有能力應付新的挑戰就好。

實行步驟

1. 梳理目前的行動或改變，並自我激勵。

列出你目前願意給予自己肯定的行動或改變：「我正在嘗試新的事

物」、「我準備好享受這趟路程」或是「我以前成功了，現在也會成功」。

2. 描繪未來成功的樣貌，並給予正面肯定。

想像未來的你會是什麼模樣？可能是「我超愛戒菸後的生活」或是「我很享受健康的身心跟上健身房的感覺」。

3. 選擇適合你的自我肯定。

假如你現在急需鼓勵，利用你原本就相信的自我肯定，對自己大聲朗讀或是錄成聲音檔重複聆聽。如果你想尋求靈感與動力，就利用未來的自我來獲得力量。想像你成為未來的自己，並且試著相信未來將會成真的事實！

#75 預見成功

爲什麼有效

如果我們可以想像著未來，就能夠預測未來。

研究指出，當我們想像特定事件的成果時，便會將事件確實發生的機率評估為「高」。又如我們從練習#72所得知，當我們期望能夠實現自己的想像時，行事方針就會以樂觀、自信與興奮為出發點。

由此可知，「實現夢想」方程式是：想像實現的模樣＋對此感到開心＝夢想成真！

但我們多數人都誤解了這個公式。加州大學研究發現，並不只是單純想像自己完成鐵人三項，或是與夢想中的女性結婚這類的美夢，而是要實際描繪出步驟，也就是要實現夢想的確切過程。

換句話說，如果你夢想今年要賺十萬美元，心裡該想像的不是賺進大把鈔票的景象，而是想像自己正為了升遷而努力工作，或是為公司研究與拓展新的收入金流。

如果你曾幻想過與夢想中的女性相識並結為連理，應該把這些空想轉為具體行動，像是每周參加兩次聯誼活動、每月進行幾場約會，進而重新評估與調整交友方向。

我知道，比起美夢，這些努力辛苦的過程並不是最誘人的景象，然而你的夢想確實很可能因為這些行動，而在未來實現。因為你現在就已經在為此安排計畫，並一步步去完成了！

實行步驟

1.利用SMART目標法。

找出特定的、可衡量的、可達成的、實際的、時間明確的目標（參閱第40頁）。確認你所創造的重要目標與次要目標，以及你所預計從A到B的路線。

2. 想像過程。

假設你過去一直想像自己擁有「纖細、健康的身體」，用不著捨棄這個想像，只要加入實現目標的過程即可。

在睡覺前想像自己聽到鬧鐘起床、穿上運動鞋並前往健身房；也想像自己烹調出可口的蔬食料理並大快朵頤。假如你遇到特定的挫敗，想像你未來將如何面對這些挫敗，從而堅持長遠的目標就好。

致謝

給我的編輯約翰：謝謝你堅定的支持並忍受我對於文稿的挑剔——你的理解、正面與沉著的特質幫助了我這位初試啼聲的作者（其程度超乎你所想像）。

給我的母親：如果沒有您，我絕對寫不出這本書。說真的，您的智慧與鼓勵對我而言代表了一切。由衷誠懇地謝謝您。

給我的父親：您也一樣，老爸，謝謝您一直相信著我。

給我的丈夫麥可：太感謝你了，尤其在撰寫過程中，我們的相處時間連以往的一半都不到！另外，雖然我知道你為多出來的「自由時間」感到開心，但我還是迫不及待想和你一起度過「我們的時間」！

給我的朋友與同事：蘿倫、蘿拉、傑米、梅蘭妮、蜜雪兒、勞倫、凱莉、艾蜜莉、艾比跟喳喳幫，還有更多人——你們對於這項出書計畫的熱情，對我而言至關重要，我愛你們所有人。

給在這趟旅途上對我大有啟發的卡蘿・德威克、布魯克・卡斯提洛、艾瑞克・巴克、凱莉・麥高尼格、「無畏之心」（Boldheart）跟 iPEC 的大家、眾多作家、教師與導師：謝謝你們的才華、領導力、熱情、毅力，以及和你們同樣重要的意志力。我的人生因你們而改變。

給讀者：你是我最大的靈感源頭，謝謝閱讀本書的你給這本書機會，更重要的是，謝謝你給自己機會。如果我辦得到，你也可以，因為你已經具備了成功所需的一切條件。

最後，也給我即將出生的孩子：謝謝你給我動力，不只為了我自己，也為了你，我的寶貝。萬事皆有可能！

人生顧問 406

意志的力量：告別懶、慢、拖，強化意志力的75種刻意練習

作　者—艾莉亞・萊文森（Aliya Levinson）
譯　者—鄧捷文
主　編—郭香君
責任編輯—龍穎慧
責任企畫—張瑋之
視覺設計—張巖
內頁排版—新鑫電腦排版工作室

編輯總監—蘇清霖
董事長—趙政岷
出版者—時報文化出版企業股份有限公司
108019台北市和平西路三段二四〇號一至七樓
發行專線—（〇二）二三〇六—六八四二
讀者服務專線—〇八〇〇—二三一—七〇五
（〇二）二三〇四—七一〇三
讀者服務傳真—（〇二）二三〇四—六八五八
郵撥—一九三四四七二四時報文化出版公司
信箱—10899台北華江橋郵局第九十九信箱

時報悅讀網—http://www.readingtimes.com.tw
綠活線臉書—https://www.facebook.com/readingtimesgreenlife
法律顧問—理律法律事務所　陳長文律師、李念祖律師
印　刷—紘億彩色印刷有限公司
初版一刷—二〇二一年一月二十二日
初版二刷—二〇二一年五月十九日
定　價—新臺幣三八〇元

時報文化出版公司成立於一九七五年，
並於一九九九年股票上櫃公開發行，於二〇〇八年脫離中時集團非屬旺中，
以「尊重智慧與創意的文化事業」為信念。

意志的力量：告別懶、慢、拖，強化意志力的75種刻意練習 / 艾莉亞・萊文森（Aliya Levinson）著；鄧捷文 譯.
-- 初版. -- 臺北市：時報文化出版企業股份有限公司, 2021.1
面；　公分. --（人生顧問；406）
譯自：How to Win with Willpower: 75 Strategies to Increase Self Discipline, Motivation, and Success

ISBN 978-957-13-8526-6（平裝）

1.自我實現　2.成功法

177.2　　109021410

HOW TO WIN WITH WILLPOWER:75 STRATEGIES TO INCREASE SELF DISCIPLINE, MOTIVATION, AND SUCCESS
by ALIYA LEVINSON

ISBN 978-957-13-8526-6
Printed in Taiwan